Wilhelm Langthaler/Werner Pirker
AMI GO HOME

Bibliografische Information der Deutschen Bibliothek
Die Deutsche Bibliothek verzeichnet diese Publikation in der
Deutschen Nationalbibliografie; detaillierte bibliografische
Daten sind im Internet über http://dnb.ddb.de abrufbar

© 2003 Promedia Druck- und Verlagsges.m.b.H., Wien
Alle Rechte vorbehalten
Umschlaggestaltung: Gisela Scheubmayr
Lektorat: Erhard Waldner
Druck: WB-Druck
Printed in Austria
ISBN 3-85371-204-5

Fordern Sie einen Gesamtprospekt des Verlages an bei:
Promedia Verlag, Wickenburggasse 5/12
A-1080 Wien, Fax: 0043/1/405 715 922
E-Mail: promedia@mediashop.at
Internet: http://www.mediashop.at

Ami go home

Wilhelm Langthaler /
Werner Pirker

*Zwölf gute Gründe
für einen Antiamerikanismus*

PROMEDIA

INHALTSVERZEICHNIS

Die Autoren

Wilhelm Langthaler, geboren 1969 in Graz, ist ausgebildeter Elektroingenieur. Er war federführend an Initiativen gegen den Nato-Krieg in Jugoslawien und gegen den US-Angriff auf den Irak beteiligt. Zahlreiche Reisen in die Balkan-Region und den Nahen Osten. Im Rahmen der internationalen Kampagne „Menschliche Schutzschilde" organisierte er Delegationen in den Irak, die gegen die US-Intervention protestierten. Publizistisch ist er für die Zeitschrift *Bruchlinien* tätig.

Werner Pirker, geboren 1947 in Feldkirchen/Kärnten, war von 1975 bis 1991 Redakteur der Wiener *Volksstimme*, jahrelange Korrespondententätigkeit in Moskau. Seit 1994 schreibt er für die Berliner Tageszeitung *Junge Welt*, deren stellvertretender Chefredakteur er zwischen 1997 und 2000 war. Zuletzt erschien von ihm im Promedia Verlag das Buch „Die Rache der Sowjets" (1994), in dem er u.a. die Moskauer Ereignisse im August 1991 verarbeitet hat.

VORWORT

Der „Antiamerikanismus" gilt im linksliberalen Diskurs als Amok-
lauf der Irrationalität und des dumpfen Ressentiments – wurzelnd
in unterschwelligen dunklen Strömungen des gesellschaftlichen
Bewusstseins. Damit ist seine Geistesverwandtschaft mit dem
Antisemitismus quasi per definitionem belegt. Wer amerikanische Kriegsverbrechen – von Hiroshima bis Bagdad – anklagt,
leugnet beziehungsweise relativiert zumindest den Holocaust, so
das vernichtende Urteil. Im Grunde frönen die Kritiker des Antiamerikanismus selbst dem reinen ideologischen Vorurteil, das
keine rationale Auseinandersetzung zulässt und Argumentation
durch Denunziation ersetzt.

Es wird zwar immer wieder betont, dass Kritik an der Politik
der USA legitim sei. Aber nur für die Pro-Amerikaner. Wessen
Kritik etwas substanzieller gerät als die, dass Bush den Kongress
nicht hätte anlügen dürfen und dass der Krieg gegen den Irak mit
besseren Argumenten geführt hätte werden müssen, hat die ge-
sinnungspolizeilichen Auflagen schon überschritten.

Wer den Antiamerikanismus denunziert, räumt ein, dass es auch
einen Amerikanismus gibt. Und man muss nicht im Trüben fi-
schen, wie immer unterstellt wird, wenn man den Amerikanismus zum Thema der Kritik macht. Es gibt sicher mehr als zwölf
gute Gründe dafür.

Wir haben aufzuzeigen und an Hand von Fakten zu belegen
versucht, wie verheerend sich die Segnungen der amerikanischen
Zivilisation auf die Mehrheit der Weltbevölkerung auswirken.
Zwar sind die USA mit dem System des neoliberalen Globalis-
mus nicht identisch, doch sie sind sein Hegemon, gewalttätiger
Vollstrecker und Hauptnutznießer.

Amerikanismus ist für uns nicht nur eine Idee, ein Mythos oder
eine Ideologie, sondern ein System in seiner Totalität, das „shock
and awe" über die ganze Welt verbreitet. Der Antiamerikanismus, den wir meinen, ist nicht gegen das amerikanische Volk gerichtet. Ebenso wie Antifaschismus niemals bedeuten konnte, das
deutsche Volk zu verdammen. Einer der Gründe, die wir für den
Antiamerikanismus anführen, ist die innere Repression, die sich
gegen Amerikaner richtet.

Im amerikanischen System verdichtet sich die äußerste gesellschaftliche Reaktion. Es ist die Negation der großen Emanzipationsbewegungen, die mit der Französischen Revolution ihren Anfang nahmen und im 20. Jahrhundert ihren Höhepunkt fanden, die in Gestalt der UdSSR der faschistischen Reaktion widerstanden, der liberalen Reaktion aber unterlagen. Im 21. Jahrhundert versucht der Amerikanismus auf den Trümmern der gescheiterten Emanzipationsversuche sein den Kapitalismus verewigendes Imperium zu errichten. Doch die Geschichte ist noch nicht zu Ende.

Wilhelm Langthaler, Werner Pirker
Wien, im August 2003

Wir danken Gernot Bodner, Stefan Hinsch und Stefan Kainz, die uns bei der Arbeit an diesem Buch tatkräftig unterstützt haben.

① GESELLSCHAFT DER GEWALT

Rambo wütet im Inneren

> *„It ain't no secret/No secret my friend/*
> *You can get killed just for living in your American skin"*
> *(Bruce Springsteen, 41 Shots)*

Amokläufer in der High School, „Bandenkriege" und weltweit bekannte Massenmörder: Dass in den USA Gewalttaten und Morde im Alltagsleben häufiger vorkommen als in anderen westlichen Nationen, ist nicht einzig und allein ein Vorurteil. Im Zeitalter des Realitätsfernsehens wird Kriminalität zu einem Quotenbringer der TV-Sender und damit auch übermäßig ins Bild gerückt. Diese Medienstrategie reduziert den Anteil an politischen Nachrichten und Dokumentationen und vermittelt gleichzeitig das Bild einer heldenhaften Polizei, die täglich gegen die überbordende Kriminalität zu Felde zieht. „Die wildesten Polizei-Videos der Welt", Fernsehserien wie „Cops", „Arrest and Trial" oder „America's Most Wanted" amüsieren die amerikanische Gesellschaft beim Dinner und halten sie gleichzeitig in Angst vor ihrer nächsten Umwelt.

In „Bowling for Columbine", dem 2003 mit einem Oscar ausgezeichneten Film von Michael Moore, der die Gewalt in der amerikanischen Gesellschaft thematisiert und damit weltweit Erfolg hatte, wird Barry Glassner, der Autor des Buches „The Culture of Fear" (Die Kultur der Angst), interviewt. Er stellt in seinem Buch und dem Gespräch im Film die These auf, dass in Amerika Angst vor einer alltäglichen Kriminalität produziert werde, die mit den statistischen Daten nicht übereinstimme. Die mediale Hysterie rund um Verbrechen und Verbrecher redet nicht nur dem Polizeistaat das Wort, sondern erzeugt auch gewalttätige Gegenreaktionen wie die Bewaffnung der weißen Mittelschicht. (Der durchschnittliche amerikanische Waffenbesitzer ist laut ABC-News weiß, männlich, über 30 Jahre alt und im mittleren Einkommensbereich.)

Allerdings belegen die FBI-Statistiken sehr wohl eine erstaunlich hohe Zahl an Mord und Totschlag in der amerikanischen

Gesellschaft. Laut dem „Uniform Crime Report" wurden 2001 den Behörden 15.980 Fälle von Mord gemeldet, das entspricht einer Rate von 5,6 Morden pro 100.000 Einwohnern. Dem „Nationalen Zentrum für Gesundheitsstatistik" zufolge waren es sogar 19.727 Fälle, was zu einer Zahl von 6,9 Morden pro 100.000 Amerikanern führt. Zum Vergleich: In Österreich gab es 2001 150 Morde, das entspricht 1,8 Morden pro 100.000 Einwohnern. Bei schwarzen Männern im Alter von 15 bis 34 Jahren ist Mord nach wie vor die häufigste Todesursache, bei Jugendlichen aller Hautfarben im Alter von 10 bis 19 Jahren rangiert Mord auf Rang zwei der Todesstatistiken. Jeden Tag sterben in den USA 80 Menschen durch Schusswaffen, alle drei Stunden wird ein amerikanisches Kind erschossen (Daten des „Health Information Network").

Statistiken zum Schusswaffengebrauch unterstützen die These, dass die hohe Anzahl an privaten Schusswaffen in den USA für die gesteigerte Mordrate verantwortlich ist. Diese Theorie leidet jedoch an einem blinden Fleck: Die Brutalität der Polizei und Bundesbehörden bleibt ausgeblendet, während sie bei der Erklärung der Gewalt auf die zivile Bevölkerung fokussiert. In den 1970er Jahren bestand eine Antwort der schwarzen Bevölkerung auf die rassistische Behandlung durch Polizeikräfte in bewaffneten Patrouillen durch Black Panthers in Oakland. Eine Zeit lang konnte durch das Gegengewicht der Bewaffnung erreicht werden, dass in den Ghettos weniger Personen Gewaltakten durch die Polizei ausgesetzt waren. Bei einer möglichen Beschränkung des privaten Waffenbesitzes in den USA bleibt die Frage offen, wer dann noch Zugang zu Waffen hätte. Das wäre einerseits die wenig vertrauenswürdige Polizei, andererseits würden wohl auch die Milizen davon ausgenommen, die in der Verfassung der USA festgeschrieben sind: „Eine gut geführte Miliz ist für die Sicherheit eines freien Staates notwendig. Das Recht des Volkes, Waffen zu halten und zu tragen, darf nicht verletzt werden." Manche Kritiker meinen aber, dass sich dieser Artikel nicht auf die unabhängigen Milizen, sondern nur auf die Nationalgarde bezieht. Viele dieser Milizen sind rechtsradikale Kampfverbände, deren Mitglieder rassistisch motivierte Straftaten verüben und ein autoritäres, US-patriotisches Weltbild vertreten.

Wie der deutsche Sozialwissenschaftler und Herausgeber des Bandes „Gewalt in den USA", Wolfgang Knöbl, erklärt, würde auch die Abschaffung des privaten Schusswaffenbesitzes nicht dazu führen, dass die amerikanische Gesellschaft in der Kriminalstatistik auf westeuropäisches Niveau zurückfiele. Nimmt man die Todesfälle durch Schusswaffen aus den Berechnungen, wäre die amerikanische Mordrate noch immer höher als die vergleichbarer Industrienationen.

Gewaltsame Geschichte?

Als Argument zur Erklärung der Gewalttätigkeit der US-Gesellschaft wird oft die „besonders gewalttätige Geschichte" der USA genannt. (Auch in „Bowling for Columbine" findet sie Erwähnung.) Lässt man die US-Außenpolitik nach dem Zweiten Weltkrieg außer Acht – denn das erhöhte Niveau der Gewaltanwendung geht schon auf die Zeit vor dem Krieg zurück –, so kann man diese Aussage im Vergleich zu anderen Staaten der westlichen Industriegesellschaft kaum belegen. Obwohl der soziale und politische Konflikt in den USA in der Vergangenheit sehr wohl militärische Züge angenommen hat (vom Bürgerkrieg im 19. Jahrhundert über die gewalttätigen Streiks der Lastwagenarbeiter in den 1930er Jahren bis hin zu den innerstädtischen Unruhen Ende der 1960er Jahre), ist er in seiner Intensität nicht mit den Auseinandersetzungen in den europäischen Ländern vergleichbar.

Ein Fünkchen Wahrheit beinhaltet die These von der speziellen Geschichte Amerikas allerdings schon. Hinlänglich bekannt sind die Vertreibung und Vernichtung der Indianer (Native Americans) im Zuge der Besiedlung des Landes und der Gründung der Vereinigten Staaten von Amerika. Die Auseinandersetzungen zwischen weißen Siedlern und den seit Tausenden Jahren auf dem Kontinent ansässigen Indianerstämmen begannen bereits kurz nach dem Eintreffen der ersten Europäer an der Ostküste (Jamestown wurde 1607 gegründet, Plymouth 1620). 1622 entbrannte der erste Konflikt zwischen den Ureinwohnern und den protestantischen Siedlern in Jamestown, 1637 hatte auch in Plymouth das friedliche Zusammenleben von Neuankömmlingen und Indianern ein Ende. Von da an begannen unzählige Kriege, die nicht immer direkt zwischen Weißen und Ureinwohnern geführt wurden – oft koalierten die Indianer mit den Kolonialmächten England, Spanien und Frankreich, um ihre Interessen und ihr Überleben zu sichern.

Nach der Unabhängigkeit der USA 1776 und dem britisch-amerikanischen Krieg von 1812 begann die zweite Phase der so genannten Indianerkriege. Ohne europäische Verbündete waren die Indianer dem Siedlervorstoß hilflos ausgeliefert und wurden immer weiter nach Westen gedrängt. Präsident Andrew Jackson unterzeichnete 1830 den „Indian Removal Act", der die Umsiedlung der Indianer in die Gebiete westlich des Mississippi zur Folge hatte. Stämme, die sich der Anordnung widersetzten, wurden gewaltsam vertrieben oder ihre Mitglieder umgebracht. Es dauerte aber nicht lange, bis auch im Westen der Lebensraum der Indianer von den Siedlern beansprucht wurde. Die letzten großen Gefechte am Little Bighorn und am Wounded Knee 1890 markierten das Ende der indianischen Territorien – den noch vorhandenen Stämmen wurden Reservationen zugewiesen. Absolute Zahlen über das Ausmaß des Völkermordes an den Indianern sind kaum zu eruieren, da sich die Besitznahme indianischen Landes und die damit verbundenen Gewalttaten der weißen Siedler über fünf Jahrhunderte erstrecken. Im Vorwort des 1992 erschienenen Buches „The State of Native America" werden die verschiedenen Berechnungen beleuchtet, die über die Zahl der indigenen Bevölkerung zum Zeitpunkt der ersten weißen Siedlungen in Amerika angestellt wurden. Die Autorin M. Annette Jaimes kommt zu dem Schluss, dass eine Zahl von 12 bis 15 Millionen Bewohnern auf dem Gebiet der heutigen USA die wahrscheinlichste Annahme darstellt; die Statistiken der Regierungsbehörden gehen heute von etwa 2 bis 4 Millionen „Native Americans" in den Vereinigten Staaten aus. Damit ist noch wenig über die tatsächliche Opferzahl in den Indianerkriegen gesagt, aber die These, die Weißen hätten vor allem unbewohntes Land in Besitz genommen, konnte unter anderem durch die Zahlen zur Bevölkerungsdichte der Indianer anno 1600 widerlegt werden. Gut dokumentiert sind einzelne Ereignisse, etwa der „Trail of Tears" (Pfad der Tränen), die Vertreibung von über 60 indianischen Stämmen nach Oklahoma im Zuge des „Indian Removal Act", dem allein 4.000 Indianer vom Stamm der Cherokee zum Opfer fielen. Die gewaltsame Inbesitznahme des Landes und die Verteidigung des Eigentums mit der Waffe in der Hand, die so genannte Siedlermentalität, sind eine historische Konstante der USA und im Bewusstsein der heutigen Bevölkerung durchaus erhalten.

Ebenso war der Rassismus in den Vereinigten Staaten ein ab der Gründung des Landes nicht nur weit verbreitetes Phänomen, sondern sogar integrales Element des wirtschaftlichen und gesellschaftlichen Lebens. Von 1500 bis 1900 wurden etwa 12 Millionen Afrikaner gegen ihren Willen nach Westen verschifft, 10 Millionen überlebten diese Fahrt. 1619 kamen die ersten schwarzen Sklaven nach Nordamerika, 1860 lebten rund 4 Millionen Sklaven in den USA, die meisten davon im Süden (wo sie 42% der Gesamtbevölkerung ausmachten). 1865 wurde die Sklaverei mit dem Sieg der Nordstaaten offiziell aufgehoben, die Gewalt gegen die nach wie vor entrechteten Schwarzen (die beispielsweise erst ab 1965 in allen Bundesstaaten wählen durften und bis in die 1960er Jahre hinein im öffentlichen Leben nicht die gleichen Rechte wie die Weißen besaßen) erreichte im Süden ihren Höhepunkt aber erst gegen Ende des 19. Jahrhunderts. Eine Untersuchung der Universität von Cincinnati spricht von mehr als 3.000 Lynchmorden (der Ausdruck „Lynchjustiz" wurde höchstwahrscheinlich in den USA zur Zeit des Unabhängigkeitskrieges geprägt) an schwarzen Menschen im Lauf der amerikanischen Geschichte. Mit der Bürgerrechtsbewegung in den 1960er Jahren wurde das legale Lynchen zurückgedrängt bzw. in manchen Bundesstaaten unter Strafe gestellt. Es gibt aber bis heute kein Bundesgesetz gegen die Lynchjustiz.

Ein weiteres Spezifikum der amerikanischen Geschichte ist der Umstand, dass die Zentralgewalt des Staates von Anfang an von bewaffneten lokalen Gruppen herausgefordert wurde. Vigilantentum und Banditen, die unter der lokalen Bevölkerung teilweise als Helden galten, existierten in vielen (oft schwer zugänglichen Gebieten) der Vereinigten Staaten das ganze 19. Jahrhundert hindurch, teilweise machten sie auch noch Anfang des 20. Jahrhunderts von sich reden. Ein Beispiel für diese von der Umgebung gestützten und vom Staat verfolgten Revolverhelden ist Jesse James, ein Südstaatler, der mit seiner Bande nicht nur Banken ausraubte, sondern im Bürgerkrieg auch Guerillaaktionen gegen den Norden unternahm. Ausläufer der bewaffneten Banden in den ersten Jahrzehnten der amerikanischen Nation sind heute die ländlichen Milizen wie die „Michigan Militia" oder die

„Kentucky State Militia". Obwohl sie sich als patriotische Organisationen verstehen, verhalten sie sich dem Zentralstaat gegenüber zumeist ablehnend. Die Regierung in Washington wird als Feind angesehen, oft als Teil einer größer angelegten Verschwörung. Timothy McVeigh, der Bombenattentäter von Oklahoma City (bei diesem Anschlag auf ein Regierungsgebäude wurden am 19. April 1995 168 Menschen getötet), agierte im Umfeld der Militias. In den Jahren 1996 und 1997 kam es zu bewaffneten Auseinandersetzungen zwischen den Bundesbehörden und den „Montana Freemen" sowie einer Gruppe namens „Republic of Texas". Obwohl die meisten Milizen bis an die Zähne bewaffnet sind und sich zur aktuellen Regierung zwiespältig positionieren, unterliegen sie keineswegs derselben anti-terroristischen Repression wie etwa unbewaffnete, aber arabische US-Bürger.

Der Waffengebrauch von christlichen oder rechtsextremen Militia-Fundamentalisten, durchgedrehten High-School-Kids und Serienkillern wie dem „Washington Sniper" oder einfach Schießereien in den mittelständischen Vorstädten, wo das weiße Amerika zu Hause ist, verursachen eine höhere Gewaltrate als in vergleichbaren sozialen Schichten in Europa. Ein Großteil der Gewaltdelikte passiert aber in den innerstädtischen Ghettos, die seit den 1960er Jahren vor allem von Schwarzen, Latinos und Immigranten bewohnt werden. Der Wegfall der industriellen Arbeitsplätze in den „inner cities", das Fehlen von Sozialprogrammen und die Drogenkriminalität haben Verhältnisse geschaffen, die jenen von Städten in der Dritten Welt schon recht nahe kommen. In vielen Ghettos beträgt die Arbeitslosigkeit über 50%, 12,7% der amerikanischen Bevölkerung leben unter der Armutsgrenze. Da die Antwort des Staates verstärkte Polizeiintervention und Ausbau des Gefängniswesens lautet, perpetuieren sich Verarmung und soziale Deklassierung eines großen Teils der Bevölkerung und mit ihnen auch die gewalttätige gesellschaftliche Atmosphäre.

Von den Ghettos in die Armee

Der nur begrenzt mögliche soziale Aufstieg aus den Ghettos führt unter anderem über die US-Armee. Sie bietet nicht nur einen fixen Arbeitsplatz, sondern auch in vielen Fällen Zugang zu Colleges (akademischen Anstalten). So verlassen viele Jugendliche ihre gewalttätige Umgebung, um in einer Armee zu dienen, die überall auf der Welt Krieg und Gewalt verbreitet. Während im Inneren Kampagnen gegen die zunehmende Gewalt unter Jugendlichen geführt werden, besteht ein Eckpfeiler der Außenpolitik, der auch von der Regierung so vermittelt wird, in „präventiver Aggression" gegen politische Gegner. Vietnam, Panama, Guatemala, Kuba, Libanon, Philippinen, Korea, Somalia, Jugoslawien, Irak – die Liste der Schauplätze von US-Interventionen nach dem Zweiten Weltkrieg ist scheinbar endlos. Aber auch beim Eingreifen in innenpolitische Konflikte hat die amerikanische Armee eine lange Tradition: So gab es etwa in den Unruhejahren 1969 bis 1972 von Seiten der US Army 16 Einsätze, bei denen fast 80.000 Soldaten aufmarschierten. Die Bandbreite reichte dabei von der Bekämpfung der Aufstände in den Armenvierteln über bewaffnete Einsätze gegen streikende Arbeiter bis hin zum Aufmarsch des Militärs gegen Friedensdemonstrationen und Interventionen auf Puerto Rico.

Polizeibrutalität

Gewalt in der amerikanischen Gesellschaft wird in den meisten Darstellungen auf die zivile Bevölkerung beschränkt. Polizeiapparat, FBI, CIA, DEA (Drug Enforcement Agency, die Antidrogen-Behörde) und andere staatliche Behörden fallen nicht in die statistischen Untersuchungen. Ihre Gewaltausübung wird als rechtens und angemessen angesehen.

Vom „Stolen Lives Project" („Projekt der gestohlenen Leben") wurde mittlerweile in zweiter Ausgabe ein Buch herausgegeben, in dem die Fälle von über 2.000 Personen beschrieben werden, die in den 1990er Jahren von der Polizei ermordet wurden. In keinem dieser Fälle war eine Bedrohung durch das Opfer gegeben, die derartige polizeiliche Maßnahmen gerechtfertigt hätte. Ein eklatantes Beispiel für die Vorgehensweise der amerikanischen Polizei gegenüber Schwarzen, Latinos und Einwanderern stellt der Fall von Amadou Diallo dar, einem liberianischen Immigranten. Diallo wurde am 4. Februar 1999 kurz nach Mitternacht von vier New Yorker Polizisten in seinem Hauseingang erschossen. Welche Gefahr sie auch immer von ihm ausgehen sahen, sie gingen auf Nummer sicher und feuerten 41 Kugeln auf den unbewaffneten Mann ab. 19 davon trafen seinen Körper. Die verantwortlichen Polizisten wurden ein Jahr später von einem Geschworenengericht freigesprochen, eine Parallele zum „Fall Rodney King" in Los Angeles. Auch dort hatte eine (ausschließlich aus Weißen zusammengesetzte) Jury vier Polizisten freigesprochen, die einen schwarzen Mann auf brutale Weise zusammengeschlagen hatten.

In New York wurzeln Gewalt und Brutalität der Polizei in einer langen Geschichte. Verstärkt wurden die blutigen Einsätze des „New York Police Departement" (NYPD) durchgeführt, nachdem Bürgermeister Rudy Giuliani 1994 die so genannte Null-Toleranz-Politik ausgerufen hatte. Damit ist eine Art von präventiver Verbrechensbekämpfung gemeint, die alle Verdächtigen (und dazu zählen vor allem nicht-weiße Jugendliche) einer ständigen Polizeiüberwachung aussetzt. Die „Street Crime Unit", jene (fast rein weiße) Abteilung, die auch für den Mord an Amadou Diallo verantwortlich zeichnet, führte in den Jahren 1997-1999 40.000 Personenkontrollen in der Öffentlichkeit durch. 9.500 davon führten zu Verhaftungen. Einen Grund für die Belästigung der zumeist schwarzen und hispanischen New Yorker müssen die Polizisten nicht nennen, auch wenn es die Verfassung vorsieht. Ebenso wenig braucht es gute Gründe, um auf vermeintliche Kriminelle vorsätzlich zu schießen, selbst wenn von ihnen keine Gefahr ausgeht. In New York tötet die Polizei im Durchschnitt alle zehn Tage jemanden, viele der Opfer waren nachweislich weder Verbrecher noch bewaffnet. Namen wie Amadou Diallo, Malcolm Ferguson, Patrick Dorismond, Dante Johnson, Anthony Baez oder Gidone Busch stehen für unschuldige Todesopfer des NYPD, das durch seine Brutalität in den Publikationen von amnesty international über die amerikanische Menschenrechtssituation regelmäßig eine prominente Rolle spielt.

Es zählt zu den abstoßendsten Episoden des „Anti-Terror-Krieges", dass sowohl Giuliani wie auch das NYPD in den Nachwehen des Anschlags auf das World Trade Center zu nationalen und internationalen Helden ernannt wurden. Dabei sind sie für Dutzende Todesschüsse auf jugendliche Schwarze und für einen permanenten Kriegszustand in den Ghettos der Stadt verantwortlich. Nach dem 11. September 2001 haben die Übergriffe und Menschenrechtsverletzungen der Polizei in New York und landesweit abermals zugenommen. Die Organisation „Human Rights Watch" (HRW) zählt die Polizeibrutalität zu den „schlimmsten Menschenrechtsverletzungen in den USA".

② VERFASSUNGSPUTSCH

Patriot Act hebelt Bürgerrechte aus

Das amerikanische Recht und die Gesetzgebung in den USA gelten gemeinhin als fortschrittlich und vorbildlich für Rechtssysteme anderer Nationen. Nicht zuletzt existiert diese Auffassung, weil die Rechtsgrundlagen der Vereinigten Staaten stark von der europäischen Aufklärung beeinflusst sind. Das gilt für die Verfassung von 1787 und insbesondere für deren erste zehn Zusätze, die 1789 verabschiedet und als „Bill of Rights" bekannt wurden. Wenig beachtet wird jedoch, dass die Bill of Rights, die die grundlegenden Freiheiten des Individuums in den USA festschreibt, zur Zeit der Sklaverei abgefasst wurde. Schwarze waren damals von den Bürgerrechten ausgeschlossen. Friedrich Engels benannte diesen strukturellen Widerspruch: „Wobei es für den spezifisch bürgerlichen Charakter dieser Menschenrechte bezeichnend ist, daß die amerikanische Verfassung, die erste, welche die Menschenrechte anerkennt, in demselben Atem die in Amerika bestehende Sklaverei der Farbigen bestätigt: die Klassenvorrechte werden geächtet, die Rassenvorrechte geheiligt."

Dieses Unrecht setzt sich in der diskriminierenden Willkür von Gerichten und Polizei bis zum heutigen Tag fort, wenn auch die meisten einschlägigen Gesetze gegen Schwarze im Zuge der Bürgerrechtsbewegung der 1960er Jahre abgeschafft wurden.

An der amerikanischen Verfassung gibt es wenig zu rütteln: Ein weiterer Zusatz benötigt nicht nur eine Zweidrittelmehrheit in beiden Häusern des Kongresses, sondern auch die Zustimmung des Präsidenten sowie von drei Vierteln der Bundesstaaten. Eine Änderung beispielsweise am veralteten Wahlsystem, das wesentlich zur Verewigung der Alternanz von zwei sich kaum voneinander unterscheidenden Parteien beiträgt, ist demnach praktisch nicht durchsetzbar.

Föderalismus und Gewaltenteilung

Die Bundesgesetze spielen im politischen System Amerikas nur eine untergeordnete Rolle. Zwar sind viele der exekutiven Kompetenzen im Lauf der Geschichte der Vereinigten Staaten von den Landesregierungen an die Bundesregierung gefallen (die noch um 1779 so gut wie keine Entscheidungsbefugnis hatte), doch in der Legislative verfügen die Volksvertreter im Bundesrahmen gegenüber jenen der Teilstaaten nur in wenigen Belangen über eine übergeordnete Bedeutung. Umfassende Befugnisse kommen hingegen den Richtern zu. Dafür verantwortlich zeichnet die Tradition des „case law", bei der Gerichtsurteile in vielen Fällen nicht nach Gesetzen, sondern nach Präzedenzfällen gefällt werden. Das bedeutet: Richter (außerhalb der Bundesgerichte) treffen ihre Entscheidungen meist nicht nach kodifiziertem Recht, sondern nach Rechtssprüchen ihrer Kollegen oder nach ihrem eigenen Ermessen. Damit sind die Gerichte nicht nur Organe der Jurisdiktion, sondern auch der Legislative – in einer einzigen Körperschaft. Die Gesetzgebung durch gewählte Volksvertreter tritt hingegen in den Hintergrund.

Die Bundesrichter aller Stufen werden vom Präsidenten auf Lebenszeit gewählt und mit einer großen Machtfülle ausgestattet. Staatsanwälte (district attorneys) werden in einer Volkswahl bestimmt und dabei meistens danach beurteilt, wie viele Personen sie erfolgreich anklagen konnten.

Gerne füllen Illustrierte ihre Seiten mit den „witzigsten Gesetzen aus den USA". Gemeint sind dabei die Auswüchse der lokalen Gesetzgebung, die für die davon Betroffenen oft schwer wiegende Auswirkungen haben können. Dass man in Ohio keine Sitznachbarn im Bus anspucken darf (Ohio Revised Code, § 2917.41) oder es in Rhode Island verboten ist, jemandem ein Bein abzubeißen (Rhode Island State Law, § 11-29-1), zählt zu den unterhaltsamen Episoden der Legislative. Ein abschreckendes Beispiel findet sich hingegen im „Three Strikes"-Gesetz Kaliforniens (der Name leitet sich zynischerweise von der amerikanischen Sportart Baseball ab), das 1994 in Kraft trat und lebenslange Haftstrafen für Personen ermöglicht, die drei Straftaten begangen haben. Dabei muss es sich bei den ersten zwei Straftaten um „schwer wiegende oder Gewaltverbrechen" handeln. Beim dritten Verstoß zählt jedwedes Delikt. Obwohl die amerikanische Verfassung in ihrem achten Zusatz „grausame und unübliche Bestrafung" verbietet, erklärte der Oberste Gerichtshof im März 2003 dieses Gesetz für verfassungskonform. Dabei entschied der US Supreme Court über die Revision eines Falles, bei dem ein Mann Videobänder im Wert von etwa 150 Dollar gestohlen hatte und dafür (weil es seine dritte Vorstrafe war) zu einer lebenslangen Haftstrafe verurteilt wurde. Die Entscheidung wurde bestätigt.

Der Föderalismus der Judikative bewirkt, dass elementare Rechtsfragen wie die Todesstrafe oder das Recht auf Waffenbesitz den einzelnen Bundesstaaten überlassen werden, was eine landesweite Rechtsungleichheit zur Folge hat. Ebenso wenig wird das System des „case law" dem Anspruch auf Rechtsstaatlichkeit gerecht. Die Richter außerhalb der Bundesgerichte werden durch dieses kasuistische Prinzip gleichzeitig zu Gesetzgebern und vereinigen besondere Entscheidungsgewalt in sich. Die Bundesrichter wiederum sind durch ihre Ernennung durch den Präsidenten vom Volkswillen völlig unabhängig. Prozesse kann man in den meisten Fällen nur gewinnen, wenn man sich einen teuren Anwalt leistet, da die Pflichtverteidiger chronisch überlastet sind. Verbindet man diese Mankos mit der Tatsache, dass der Justizapparat überwiegend von der weißen Mittelklasse und der weißen Elite gestellt wird, liegt die Benachteiligung der unteren Klassen nahe – insbesondere der Angehörigen rassischer Minderheiten.

Der Patriot Act

Präsident George W. Bush nutzte die patriotische Welle im Gefolge des 11. September 2001, um eine Reihe von Verordnungen zu erlassen und Gesetze beschließen zu lassen, die den exekutiven Behörden weit reichende Befugnisse zugestehen, in die Privatsphäre der amerikanischen Bürger einzudringen und ihre Grundrechte zu verletzen. Tatsächlich handelt es sich um die Verankerung von Elementen einer Notstandsgesetzgebung. Das bekannteste Beispiel ist der „Patriot Act", der bereits am 26. Oktober 2001 von Bush unterzeichnet wurde und gleich mehrere verfassungsmäßig garantierte Freiheiten bedroht. Zusatz eins zur Verfassung betrifft die Rede-, Meinungs- und Versammlungsfreiheit.

Im United States Patriot Act (USPA, eigentlich wird er USA-PATRIOT Act abgekürzt und steht für „Uniting and Strengthening America by Providing Appropriate Tools Required to Intercept and Obstruct Terrorism") wurde der Begriff des „domestic terrorism" (einheimischer Terrorismus) eingeführt, der sehr breit definiert wird und als Anklagepunkt gegen die Versammlungen etwa von Friedensaktivisten genutzt werden kann. Laut dem USPA gilt als „einheimischer Terrorismus", wenn „Gruppen oder Einzelpersonen versuchen, Einfluss auf die US-Regierung oder die Bevölkerung zu nehmen, um soziale oder politische Veränderungen zu erwirken, indem sie kriminelle Handlungen setzen". Eine derart schwammige Definition würde es zum Beispiel erlauben, Personen, die während einer Demonstration privates Gelände betreten, als Terroristen zu verhaften. Genauso als „terroristisch" einzustufen wären demnach politische Aktivisten, die bei Wahlkämpfen Werbetafeln entfernen.

Das FBI darf laut dem Patriot Act aber noch viel mehr: Etwa die Datenbanken von Büchereien und Buchhandlungen einsehen und dabei dem Personal die Pflicht zur Verschwiegenheit auferlegen. Politische und religiöse Gruppen dürfen nach dem USPA ohne konkreten Verdacht überwacht werden – dieses Vorgehen gegen politische Gegner war in den 1970er Jahren unter dem Namen COINTELPRO („Counterintelligence Program") bekannt, ein Programm, das zur Eindämmung und Bekämpfung der politischen Opposition ins Leben gerufen wurde. Anfänglich richtete es sich gegen die Kommunistische Partei, um sich später auf die Bürgerrechtsbewegung zu konzentrieren, mittels derer vor allem die Schwarzen um ihre Rechte kämpften. Nach dem Patriot Act darf das FBI ohne genauen Durchsuchungsgrund in private Häuser und Wohnungen eindringen, Gespräche zwischen Gefangenen und Anwälten dürfen ohne richterlichen Beschluss abgehört werden. Alle diese Maßnahmen verstoßen gegen den vierten Zusatz zur Verfassung, der die Privatsphäre der amerikanischen Bürger schützt.

Eine weitere grundlegende Außerkraftsetzung der Bürgerrechte stellt die Einführung der Kategorie des „feindlichen Kämpfers" (enemy combatant) dar. Damit ermöglicht der USPA den Behörden, bestimmte Personen dem normalen Rechtssystem zu entziehen und vor ein Militärgericht zu stellen. Aber selbst innerhalb der Militärjurisdiktion wurden Sondertribunale geschaffen, die das Kriegsrecht verletzen. Nicht einmal das Recht auf einen Prozess innerhalb eines angemessenen Zeitrahmens wird gewährleistet. Als Beispiel hierfür kann der Fall von Ali Saleh Kahlah al-Marri dienen, einem katarischen Staatsbürger, der sich seit Dezember 2001 in den USA in Haft befindet. Anfänglich war er unter dem Anklagepunkt krimineller Vergehen eingesperrt worden. Diese Anschuldigungen wurden aufgehoben und al-Marri wurde in ein Gefängnis der US-Armee überstellt, wo er ohne Angabe von Gründen festgehalten werden kann.

Eine große Zahl von Verhaftungen nach dem WTC-Anschlag werden aber gar nicht mit dem Patriot Act gerechtfertigt, sondern von der Immigrationsbehörde (INS) veranlasst. Dabei wird mit den Verhafteten ganz entgegen der verfassungsmäßig verbrieften Rechte verfahren: Man sperrt sie ein und verhört sie ohne Anklage, manche von ihnen über mehrere Monate hinweg. Der Kontakt zu ihren Familien – geschweige denn zu Anwälten – wird ihnen nicht gestattet. Die meisten Betroffenen sind Araber, Moslems und Immigranten aus Südostasien. Viele der angeblichen Terroristen werden auch einfach in ihre Heimatländer ausgeflogen. Die Deportation von „Nicht-Weißen" führt dazu, dass Personen in „Ursprungsländer" zurückgebracht werden, die sie noch nie zuvor gesehen haben. Ein Korrespondent der englischen *Times* berichtete im Januar 2002 von einem Zusammentreffen mit Afro-Amerikanern in Somalia, die kurz zuvor die USA verlassen hatten. Allerdings nicht freiwillig: Sie waren verhaftet und geschlagen worden, Telefongespräche und Kontakt zu ihren Anwälten wurden untersagt. Dann setzte man sie ohne Pass und Geld in ein Flugzeug und verfrachtete sie nach Mogadischu. Die meisten von ihnen waren von Kindheit an in den USA aufgewachsen.

Neben Haft und Deportation müssen sich „verdächtige Personen" in den USA auch gefallen lassen, bei der Einreise zurückgeschickt oder stundenlang verhört zu werden. Mittlerweile sind zahlreiche Fälle öffentlich geworden, in denen (vor allem) Araber von Flugreisen ausgeschlossen wurden, weil sie potenzielle Terroristen sein könnten. Selbst der deutsche Journalist Peter Novak wurde im Frühjahr 2003 bei einem Transit-Zwischenstopp in Miami von den Behörden stundenlang verhört und zurückgeschickt, obwohl er gar nicht in die USA einreisen wollte.

Der Patriot Act zeitigt sogar Auswirkungen auf das Arbeits-recht: Bei einem Streik von Hafenarbeitern an der Westküste intervenierte die Regierung im Interesse der „nationalen Sicherheit" und beendete den Arbeitskampf.

Mittlerweile bereitet die US-Regierung ein Nachfolgegesetz vor, das als „Patriot Act 2" bezeichnet wird. Darin werden die bereits in Kraft getretenen Maßnahmen noch weiter verschärft. Der Begriff des Terrorismus wird noch einmal erweitert und kann auf so ziemlich jeden Fall von „zivilem Ungehorsam" angewendet werden. Die letzten Schranken zur Bespitzelung von Personen werden aufgehoben und es werden 15 neue Vergehen eingeführt, die unter die Todesstrafe fallen.

Am 25. November 2002 unterzeichnete Präsident George Bush den „Homeland Security Act", mit dem das neue „Heimatschutz-ministerium", Office of Homeland Security (OHB), begründet wurde. Darin sind 22 vorher eigenständige Regierungsbehörden zusammengefasst, unter anderem die Einwanderungsbehörde INS. Dieses Anti-Terror-Superministerium rief im März 2003 die „Operation Liberty Shield" ins Leben, die die automatische Internierung von Asylsuchenden aus 34 „terror-verdächtigen Ländern" bei der Ankunft in den USA vorsieht. Am 17. April 2003 wurde die Aktion vorzeitig abgebrochen.

Mit dem Patriot Act 1 und 2, dem Homeland Security Act – mit der Idee von Justizminister John Ashcroft, Millionen von Amerikanern als Spitzel für die Nachrichtendienste anzuwerben – sowie mit den Überlegungen zu biometrischen Pässen und geheimdienstlichen Flugdatenbanken hat die Bill of Rights ausgedient. Im Kampf gegen den Terrorismus verabschieden sich die USA von den letzten Überresten einer Verfassung mit demokratischen Grundrechten und beginnen im Inneren mit dem Ausbau eines allumfassenden Überwachungsstaates mit präsidialen Vollmachten. Nicht nur die Gefangenen auf Guantánamo, sondern auch amerikanische Staatsbürger werden ihrer elementarsten zivilen Rechte beraubt. An Gefängnisplätzen für die „Staatsfeinde" tragen die USA keinen Mangel.

③ GEFÄNGNISINDUSTRIELLER KOMPLEX

Die Sklavenhalter kehren zurück

> „Im Kontext eines alles überschwemmenden
> Konservatismus markiert die Entstehung des
> industriellen Gefängniskomplexes eine neue
> historische Epoche, deren Gefahren ohne
> Beispiel sind."
> (Angela Davis, Kommunistin und als solche
> in den 1970er Jahren inhaftiert)

In keinem Land der Welt sitzen mehr Menschen im Gefängnis als in den USA. Im Sommer 2003 verzeichneten die USA mit 280 Millionen Einwohnern die Rekordmarke von 2,1 Millionen Insassen. Das sind nach offiziellen Statistiken etwa 700.000 Menschen mehr als in China, das als bevölkerungsreichstes Land der Erde 1,3 Milliarden Einwohner hat. In den Vereinigten Staaten sitzen dementsprechend rund 0,75% der Bevölkerung hinter Gittern, relativ gesehen mehr als sechsmal so viel wie in China.

Im offiziellen Sprachgebrauch der Justizbehörden handelt es sich in den USA aber nicht um Gefängnisse, sondern um so genannte Besserungsanstalten (Correctional Facilities). Wie man die Haftanstalten in den USA auch nennen mag – sie wachsen wie die Pilze aus dem Boden, seit die Anzahl der Insassen ständig steigt und der Bau und Betrieb der „Correctional Facilities" zu einem expandierenden Wirtschaftszweig geworden sind.

In den meisten Analysen zur Explosion der Gefangenenzahlen werden die 1980er Jahre als entscheidendes Jahrzehnt genannt, in dem die Inhaftierung als bestimmendes Element des Rechtsvollzugs in den Vordergrund rückte. Unter der Reagan-Administration wurde der „Krieg gegen die Drogen" („War on Drugs") ausgerufen, der verschärfte Gesetze, häufigere Verurteilungen und längere Gefängnisstrafen mit sich brachte. Seit Beginn des „Anti-Drogen-Krieges" stiegen die Verhaftungen wegen Drogenvergehen um über 1.000 Prozent.

Von der Verhaftungswelle sind in erster Linie Afro-Amerikaner und andere nicht-weiße Minderheiten betroffen. Das liegt unter anderem auch an den Gesetzen. Ein typisches Beispiel ist das Bundesgesetz für Drogenbesitz: 5 Gramm Crack bedeuten eine Mindeststrafe von fünf Jahren Gefängnis, hingegen muss man schon 500 Gramm Kokain mitführen, um das gleiche Strafmaß auszufassen (Bericht der „US Sentencing Commission" an den Kongress). Crack, das unter anderem aus Kokain hergestellt wird, ist die Droge der Armen und vieler schwarzer Ghettobewohner, das teurere Kokain hingegen jene der Reichen.

In der öffentlichen Propaganda werden Gewaltverbrechen und Schießereien als vorherrschende Kriminalität portraitiert. Dieses Bild kontrastiert ganz vehement mit den tatsächlichen statistischen Fakten: In Kalifornien etwa finden sich unter den zehn häufigsten Gründen für eine Inhaftierung nur zwei Vergehen mit Gewaltausübung, nämlich „Raubüberfall" (an Stelle 3) und „Angriff mit einer tödlichen Waffe" (auf Rang 6). Spitzenreiter der Rangliste ist seit Jahren der „Besitz von Drogen".

In den späten 1970er Jahren wurden Drogen als entscheidender Vorwand für den „Krieg gegen die Armen" eingeführt. Nachdem die Black Panthers durch ihre Mobilisierung und Organisierung der Unterschichten in den Ghettos die Nachkriegs-USA herausgefordert hatten, schlugen Polizei und FBI in großem Maßstab zurück. Viele Panthers wurden im Zuge der Repressionswelle erschossen, andere wanderten für lange Jahre ins Gefängnis. Gleichzeitig überschwemmte die neue Droge Crack schwarze Viertel, der politische Widerstand erlahmte, während (Banden-)Kriminalität und Drogenkonsum zunahmen. Einen Beweis für die Verwicklung offizieller Stellen in den Drogenfluss brachte die Affäre rund um die Finanzierung der nikaraguanischen Contras: Gary Webb, ein Reporter der *San Jose Mercury News*, deckte auf, dass die Verbreitung von Crack in Kalifornien eng mit der Unterstützung der Contras durch die USA in Zusammenhang stand. In seiner Serie „Dark Alliance: The Story Behind the Crack Explosion" wies Webb nach, wie durch nikaraguanische Drogenhändler in Kalifornien der erste Massenmarkt für Crack entstand und die offiziellen Stellen (Drogenbehörde und CIA) über diese Aktionen Bescheid wussten.

Neben den wichtigsten politischen Persönlichkeiten der schwarzen Bewegung der 1970er Jahre (von Angela Davis bis Geronimo Pratt) wurde auf Grund des War on Drugs eine ganze Generation an schwarzen Amerikanern ins Gefängnis gesperrt. (Afroamerikaner werden fünfmal häufiger festgenommen als Weiße; Strafen für Drogenvergehen fallen bei Schwarzen durchschnittlich um 49% höher aus als bei Weißen.)

Ganz offensichtlich sorgt die „Kriminalitätsbekämpfung" für immer mehr „Kriminalität", denn in den letzten 20 Jahren wurden in den USA mehr als 1.000 neue Gefängnisse gebaut. Der Strafvollzug verschlingt mittlerweile riesige Summen des Budgets der Bundesstaaten: In Kalifornien waren es 1999 4,3 Milliarden Dollar, 1974 waren dafür 200 Millionen Dollar ausgegeben worden.

Dabei ist das Gefängniswesen längst keine Domäne staatlicher Einrichtungen. Aus dem Wegsperren der Armen ist eine Industrie entstanden, in Kalifornien ist der „Gefängnismarkt" der am stärksten boomende. Private Firmen wie die „Wackenhut Corporation" oder die „Corrections Corporation of America" (CCA) scheffeln mit ihren privat betriebenen Haftanstalten ein Vermögen. Denn sie bekommen nicht nur Geld vom Staat für die Betreuung einer immer weiter anwachsenden Gefängnisbevölkerung, sondern machen mit den Häftlingen auch noch anderweitig Geschäfte. Zahlreiche Unternehmen aus allen Bereichen der Wirtschaft lassen mittlerweile Gefangene für sich arbeiten. Diese Form der Ausbeutung zu Minimallöhnen ist in den USA nicht nur erlaubt, sondern wird auch landesweit praktiziert.

Die Geschichte wiederholt sich: Ende des 19. Jahrhunderts waren drei Viertel der Insassen in US-Gefängnissen mit der Arbeit für private Firmen oder Einzelpersonen beschäftigt. Im Zuge der wirtschaftlichen Depression der 1930er Jahre jedoch wurden zahlreiche Gesetze verabschiedet, die der Ausbeutung in den Gefängnissen Grenzen auferlegten. Die billigen Arbeitskräfte waren zu einer übergroßen Konkurrenz für den Arbeitsmarkt geworden.

Mit dem „Justice Improvement Act" von 1979 wurden diese Schranken wieder aufgehoben. Seither ist die Nutzung von Arbeitskraft hinter Gittern zu einer allgemein akzeptierten Einrichtung geworden. Bundesstaaten wie Arizona gehen sogar so weit, die gefürchtete „Chain Gang" wieder einzuführen: das Arbeiten von (mehrheitlich schwarzen) Gefangenen in der Landwirtschaft und beim Straßenbau, wobei die Häftlinge an einer gemeinsamen Fußkette gefesselt sind. (Nach einem Gerichtsurteil sind die Gefangenen in Arizona zwar nicht mehr aneinander gefesselt, die Fußkette ist ihnen allerdings geblieben.)

Die Liste der Arbeitgeber für Gefangene ist lang und umfasst einige der größten Unternehmen der USA: Microsoft, Dell, Motorola, Hewlett Packard oder Boeing sind nur einige der prominenten Namen. Für diese Firmen stellen die Gefangenen perfekte Arbeiter dar: Sie haben kein Recht auf Streik, Organisierung oder Protest, sie arbeiten zu Minimallöhnen, brauchen keine Krankenversicherung oder Urlaub. Arbeitszeiten von 40 Stunden pro Woche sind keine Seltenheit, und das zu Löhnen, die bei 22 Cent pro Stunde liegen können. (In manchen Fällen, z.B. in den Gefängnissen von Texas, wird gar kein Lohn bezahlt.) Gefängnisarbeit ist keineswegs eine freiwillige Angelegenheit. Wer nicht arbeitet, muss in vielen Fällen mit Strafmaßnahmen wie Einzelhaft rechnen.

Die „Besserungsanstalten" der USA sind Teil einer unmenschlichen Strategie von Regierung und Behörden zur Bewältigung der sozialen Krise. Die Bewohner der Elendsviertel und die untersten Schichten der Gesellschaft werden im Zuge des „Krieges gegen die Armen" massenhaft eingesperrt. In den Gefängnissen müssen sie unter Entzug der Freiheit zu Billigstlöhnen arbeiten. Nach ihrer Entlassung erwartet sie soziales Elend. Der Teufelskreis schließt sich mit der Rückkehr in die Strafanstalten, von denen einige der größten Unternehmen der USA profitieren. Fast mutet dieses System wie eine Neuauflage der Sklaverei an.

„Das Gefängnis ist mittlerweile zu einer der ersten Antworten auf die sozialen Probleme geworden, die die Menschen in Armut bedrücken. Diese Probleme werden häufig verschleiert, indem sie bequemerweise unter der Überschrift 'Kriminalität' zusammengefasst wurden und kriminelles Verhalten dann automatisch Afro- und Latinoamerikanern zugeordnet wird. Obdachlosigkeit, Arbeitslosigkeit, Drogenabhängigkeit, Geisteskrankheiten und Analphabetismus sind nur einige der Probleme, die aus dem öffentlichen Bewusstsein verschwinden, sobald die Menschen, die von ihnen betroffen sind, hinter Gitter wandern. So gesehen haben Gefängnisse geradezu magische Kräfte. Aber Gefängnisse lassen nicht Probleme, sie lassen Menschen verschwinden. Und tatsächlich ist diese Praxis ein großes Geschäft geworden" (Angela Davis, Der maskierte Rassismus/Der industrielle Gefängniskomplex, in: ColorLines, 1998).

Seit Einführung der neuen landesweiten Überwachungsmaßnahmen und der „anti-terroristischen Dekrete" füllen sich die Haftanstalten auch noch zusätzlich mit den Opfern der Repressionswelle. Die Wachstumsrate der Gefängnisbevölkerung betrug 2002 2,6% und hat sich damit seit 2001 mehr als verdoppelt.

④ RECHTSNIHILISMUS

Imperiale Lynchjustiz

„Ihr werdet der Gerechtigkeit dieser Nation nicht entkommen."
(G. W. Bush, Rede zur Lage der Nation, 29. 1. 2002)

Zu den viel beschworenen „amerikanischen Werten" wird gemeinhin auch die Rechtsstaatlichkeit gezählt. In der im September 2002 veröffentlichten „Nationalen Sicherheitsstrategie" wird folgerichtig als erster Aspekt der „menschlichen Würde", für die Amerika einstehen müsse und die unverhandelbar sei, die „Herrschaft des Gesetzes" genannt. Doch während im Zuge des Terror-Krieges im selbstproklamierten Land der Freiheit die Bürgerrechte radikal eingeschränkt werden, treten die Vereinigten Staaten das Völkerrecht mit Füßen und versuchen ihr Recht als das des Stärkeren global durchzusetzen. „Um dieser Bedrohung entgegenzutreten, muss jedes uns zu Gebot stehende Mittel verwendet werden – Militärmacht, besserer Heimatschutz, Gesetzesdurchsetzung, Geheimdienste ..."

Recht ist nie selbstständig. Es ist Ausdruck politisch-sozialer Verhältnisse, auf die es wiederum zurückwirkt. Starke soziale Ungleichheit macht die formale Rechtsgleichheit zunichte. So wie in der politischen Sphäre in den USA eine auf eine breite weiße Mittelschicht gestützte Oligarchie herrscht, so gilt gleiches Recht de facto nur für diese Allianz. Die schwarze Unterschicht und die in Armut lebenden Immigranten werden – ungeachtet der Institution des Aufstiegs – strukturell ungleich behandelt. Trotz der Bürgerrechtsbewegung konnten die USA ihre Prägung als Sklavenhaltergesellschaft auch nach den 1960er Jahren nicht überwinden. Während rund 12% der Bevölkerung schwarz sind, beträgt ihr Anteil an den Gefängnisinsassen rund drei Viertel. Charakteristisch für die Gesetzgebung, die vor allem Arme und Minderheiten trifft, ist die aus Kalifornien stammende Regelung „Three strikes and you're out", die von mehr als 30 Bundesstaaten in abgeschwächter Form angenommen wurde. Sie sieht vor, dass eine Person nach drei Straftaten – oft kleineren Eigentumsdelikten – lebenslänglich hinter Gitter gebracht werden kann.

Die Gewaltenteilung, ein System von „checks and balances", gilt den Apologeten Amerikas als Garant von Demokratie und Gerechtigkeit. „Das amerikanische Konzept der Gewaltentrennung reflektiert die allgemeine Überzeugung, dass die Freiheit am besten dadurch gesichert wird, dass die verschiedenen Regierungsbehörden in selbstständigen Zweigen untergebracht werden. In den parlamentarischen Systemen Kontinentaleuropas sind diese Kontrollmechanismen entweder sehr abgeschwächt oder gar nicht vorhanden" (Garry Schmitt für das „Project for a New American Century", 2. 1. 2001). In einer demokratischen Republik geht per Definition alle Macht vom Volk aus, während die Gewaltenteilung dazu vorgesehen ist, die Verselbstständigung des staatlichen Apparates durch wechselseitige Kontrolle der Teilbereiche hintanzuhalten. Doch in den USA – und zunehmend auch in Europa – wird die Unabhängigkeit der Justiz als Vorwand für ihre Unabhängigkeit vom Volkswillen und seinen Organen genommen. Wenn man in Rechnung stellt, dass das angelsächsische Rechtssystem dem Gesetz selbst weniger Bedeutung beimisst als der einschlägigen Jurisdiktion und so die Macht der Richter gegenüber der Legislative noch steigert, und sich die Tatsache vergegenwärtigt, dass die Richter fast zur Gänze aus der weißen Elite stammen, ist die Klassen- und Rassenjustiz perfekt.

Auf Kriegsfuß mit dem Völkerrecht

Noch viel gravierender als die Einschränkungen für US-Bürger ist die systematische Missachtung des Völkerrechts, seiner Institutionen und der Souveränität anderer Staaten. Das Völkerrecht und seine Institutionalisierung in den Vereinten Nationen spiegeln die Kräfteverhältnisse der bipolaren Welt des Nachkriegssystems wider. Seine Kernstücke waren die Souveränität der Nationalstaaten und das Prinzip der Nichteinmischung in deren innere Angelegenheiten. Bildeten diese unter bestimmten Bedingungen ein Hindernis für in der Offensive befindliche Bewegungen der unteren Klassen, denen mit dem Hinweis auf das Völkerrecht und die Unzulässigkeit des „Exports der Revolution" die globale Solidarität verweigert wurde, so stellt die völkerrechtlich verbriefte Souveränität unter den Bedingungen der unipolaren Welt des globalen Machtanspruchs der Vereinigten Staaten einen Schutz für schwächere Staaten und indirekt damit auch der sozialen und politischen unteren Klassen dieser Nationen dar.

George W. Bush habe den „mächtigen Wunsch, Demokratie und Freiheit in der Welt, insbesondere in der arabischen, zu verbreiten", schrieb Fred Barnes am 28. 1. 2003 im *Daily Standard*, einem Sprachrohr der Neokonservativen. Der US-Präsident meine, dass „jetzt die richtige Zeit gekommen ist und sich eine einmalige Gelegenheit bietet, der evangelischen Sache Erfolg zu verschaffen. Wir dürfen uns keine Gedanken über solche Begriffe wie das Gleichgewicht der Kräfte in der Welt und die Souveränität von Ländern machen, die von grausamen Diktatoren wie Saddam Hussein im Irak regiert werden". Hinter den vermeintlichen „westlichen Werten" versteckt sich ein Frontalangriff auf die nationale Souveränität anderer Staaten überhaupt. Das *Capitalism Magazine* schrieb am 3. März 2003, was man allerorts in den USA hören kann: „Er [Saddam Hussein, d.A.] hat keinen moralischen Anspruch auf sein Amt, keinen Anspruch auf die Einhaltung von Verträgen oder sonstigen Abkommen, kein Recht, seine Taten hinter dem Schleier der 'nationalen Souveränität' zu verstecken. Eine vollständig etatistische Nation hat kein Recht auf ihre Souveränität und kann mit moralischem Recht von jenen angegriffen werden, die freier sind." Die Nationale Sicherheitsstrategie versucht dementsprechend den Begriff der Souveränität in sein Gegenteil umzukehren, indem die USA „Staaten zwingen wollen, ihre souveränen Verantwortlichkeiten zu akzeptieren". Der französische Außenpolitikexperte Pierre Hassner fasste zusammen: „Volle Souveränität für uns, volle Intervention für jeden anderen. Das ist typisch für Weltreiche."

Solange die UNO und andere völkerrechtliche Institutionen amerikanischen Interessen dienlich sind (wie etwa beim ersten Krieg gegen den Irak 1991 oder bei der Intervention in Bosnien 1995), benutzen sie diese und werden nicht müde, auf entsprechende Völkerrechtsbestimmungen und UN-Resolutionen hinzuweisen. Doch sobald sich nur die geringste Opposition regt, gehen die USA mit aller Härte dagegen vor und stellen dabei die Institutionen selbst in Frage. Ihre eigene Souveränität steht über allem internationalen Recht.

Als der UN-Sicherheitsrat den zweiten Krieg gegen den Irak nicht sanktionieren wollte, meinte Bush, dies mache die gesamte UNO „irrelevant". Der Neokonservative Joshua Muravchik schrieb im März 2003 im *Wall Street Journal*, dass „die Zustimmung des Sicherheitsrates keine Voraussetzung für den legitimen Einsatz amerikanischer Macht in der Welt" sei, während etwa zeitgleich Richard Perle, der „Fürst der Finsternis", im britischen *Guardian* „die Fantasie der Vereinten Nationen als Basis für eine Neue Weltordnung" zurückwies und wechselnde „Koalitionen der Willigen als wahre Alternative gegen die Anarchie durch das völlige Scheitern der UN" propagierte.

Die Vereinigten Staaten missachten nicht nur systematisch die UNO, der sie Hunderte Millionen Dollar an Beiträgen schulden und deren Zahlung sie als politisches Druckmittel einsetzen, sondern machen reihenweise internationale Verträge, die ihren unbegrenzten Machtansprüchen zuwiderlaufen, zur Makulatur.

So nehmen sich die USA etwa das Recht, die Massenvernichtungswaffen – die sie zu einer Zeit, als sie das Monopol darüber besaßen, gar nicht als solche bezeichnet wissen wollten – ihrer wirklichen oder möglichen Opponenten zu vernichten, während sie und ihre engsten Verbündeten solche Waffen nicht nur produzieren und lagern dürfen, sondern auch zu benutzen in Anspruch nehmen. Die USA haben zweimal die Atombombe abgeworfen, in Korea biologische Waffen und in Vietnam chemische Kampfstoffe eingesetzt. Millionen von Menschen wurden dabei getötet, während kommende Generationen unter den Folgewirkungen zu leiden haben werden. Der britische Bestsellerautor John Le Carré: „Saddams Massenvernichtungswaffen sind, falls er solche noch besitzt, verschwindend im Vergleich zu dem, was Israel und die USA innerhalb von fünf Minuten auf ihn werfen können."

Offen tritt die Asymmetrie auch bei der unterschiedlichen Behandlung Israels und Nordkoreas zu Tage. Israel bedroht seine Nachbarn mit ABC-Waffen und ist dem „Nuclear Non Proliferation Treaty" nicht beigetreten. Internationale Versuche, Israel zum Beitritt zu zwingen, wurden von den USA regelmäßig unterbunden. Nordkorea hingegen wird wegen des Austritts aus dem Vertrag mit Krieg bedroht.

Die USA sind weder dem „Comprehensive Nuclear Test Ban Treaty" noch dem „Land Mine Treaty" beigetreten. Ebenso wenig haben sie der „Biological Weapons Convention" zugestimmt, denn sie verweigern prinzipiell jegliche internationale Kontrolle ihrer militärischen Anlagen. Der „Anti Ballistic Missile Treaty" stellte das Kernstück des Abrüstungsprozesses mit der ehemaligen UdSSR dar. Das Verbot eines Raketenabwehrsystems sicherte das Gleichgewicht des Schreckens. Die USA kündigten den Vertrag 2001 nicht allein eines defensiven Raketenabwehrschirms willens, sondern um einen atomaren Erstschlag führen zu können, ohne einen entsprechenden Gegenschlag befürchten zu müssen. Im „Nuclear Posture Review" machen die USA den offensiven Einsatz von Atomwaffen zur offiziellen Doktrin.

Als einziger Staat der Welt haben die USA die Kinderrechtskonvention nicht unterzeichnet, weil sie sie in ihrem Recht, Minderjährige zu exekutieren, einschränken würde. Dazu amnesty international am 25. April 2003: „Die US-Regierung bezeichnet sich selbst als den 'globalen Führer im Kinderschutz'. Ihre Handlungen sprechen aber eine andere Sprache. Die Vereinigten Staaten haben weltweit als Einzige seit der letzten Spezialsession vier kindliche Straftäter exekutiert und haben nun auch zugegeben, dass sich unter den mehr als 600 Ausländern, die auf dem US-Flottenstützpunkt Guantánamo auf Kuba ohne Anklage oder Prozess festgehalten werden, Kinder befinden."

1984 traten die USA aus der UN-Teilorganisation UNESCO aus, weil diese ein Projekt verfolgte, das den Einfluss der vier großen Nachrichtenagenturen AP, UPI, Agence France Press und Reuters zurückdrängen sollte. Die USA sahen das als „Einschränkung der Pressefreiheit". Das Projekt wurde eingestellt, doch die USA kehrten nicht in die UNESCO zurück.

Die USA beachten auch das Kriegsrecht und die Genfer Konvention nicht. So kommen zahlreiche Waffen zum Einsatz, die laut Letzterer verboten sind, zum Beispiel Munition aus abgereichertem Uran (depleted uranium, DU), die gegen Jugoslawien, Afghanistan und den Irak verwendet wurde und ein unabschätzbares Risiko für die Bevölkerung darstellt. Wegen der Folgewirkungen bezeichnen manche Experten solche DU-Geschosse als Massenvernichtungsmittel.

Eine weitere drastische Verletzung internationalen Rechts und insbesondere der Genfer Konvention ist die Internierung von Kriegsgefangenen auf dem US-Marinestützpunkt Guantánamo.

Diesen werden der Status von Kriegsgefangenen und die damit verbundenen Rechte verweigert. Die USA bezeichnen sie als „feindliche Kämpfer", für die per Militärverordnung eine außerordentliche Gerichtsbarkeit geschaffen wurde. Dieses Verhalten geht hinter den „Habeas Corpus Act" von 1679 zurück, der als Grundstein der Menschenrechte gilt und auch in die US-Verfassung Eingang fand. Nach diesem darf niemand ohne richterliche Anweisung verhaftet werden. Jeder Gefangene hat in Konsequenz das Recht auf Rechtsprechung. Den US-Häftlingen unter dem Titel „enemy combatant" auf Guatanámo und in eventuellen anderen Internierungslagern wird das Recht auf eine Anklage und einen Prozess jedoch verweigert. Sie haben keinen Zugang zu juristischer Beratung. Kontakt zu ihren Familien ist ihnen nicht gestattet, zumal ihre Identität nicht bekannt gegeben wird. Wenn es dennoch zu Prozessen vor geheimen Militärtribunalen kommt, so gilt weder die Unschuldsvermutung noch kann ein Verteidiger gewählt werden. Die Militärrichter können Todesurteile verhängen, während Berufung nicht möglich ist. „Trotz anders lautender Behauptungen von US-Beamten sind der Entzug von sensorischen Reizen (durch Kapuzen), lang andauernde physische Ruhigstellung (durch Fesseln) und die Verweigerung notwendiger medizinischer Betreuung charakteristische Elemente von Folter und wie psychische Folter nach internationalem Recht verboten" (amnesty international, 5. 3. 2003). In der *Washington Post* wurde zudem am 25. 12. 2002 gegen die CIA der Vorwurf erhoben, sie foltere im Bagram-Luftwaffenstützpunkt in Afghanistan.

Auch auf US-Staatsgebiet sind laut Präsidialdekret ähnliche Maßnahmen möglich – selbst gegen US-Bürger. So wurden über tausend Menschen, meist Muslime oder Araber, als „feindliche Kämpfer" interniert und vielfach trotz gültiger Aufenthaltstitel deportiert. Weder die Identität der Häftlinge noch ihre genaue Zahl wurden bekannt gegeben. Beispielhaft ist der Fall des US-Bürgers Jose Padilla, der am 8. 5. 2002 als „Zeuge" im Fall einer angeblichen Verschwörung zur Detonation einer „schmutzigen Atombombe" verhaftet wurde. „Während die USA auch andere als 'feindliche Kämpfer' bezeichnet haben, ist der Fall Padilla besonders beunruhigend, da er auf Grund eines Verdachtes verhaftet wurde, der ihn eindeutig unter die Jurisdiktion der normalen Strafjustiz stellen müsste. Wenn seine Inhaftierung andauert, kann die Exekutive potenziell jeden, der einer Straftat in Zusammenhang mit einer angeblichen terroristischen Gruppe verdächtigt wird, in unbegrenzten militärischen Gewahrsam nehmen, ohne die Rechtsgarantien der Strafjustiz" (amnesty international, 9. 6. 2003). Bis zur Drucklegung dieses Buches blieb Jose Padilla ohne Anklage in Einzelhaft in der Marinebasis Charleston, South Carolina.

Mit der universellen Jurisdiktion gegen die nationale Souveränität

Seit den frühen 1990er Jahren werden westliche und insbesondere amerikanische Militärinterventionen und Kriege in aller Welt gern mit dem Schutz individueller Menschenrechte und der Prävention humanitärer Katastrophen gerechtfertigt. Diese Prinzipien wurden gegen kollektive politische und soziale Rechte in Stellung gebracht, deren wichtigstes jenes auf nationale Souveränität ist. Die Sowjetunion, die dieser individualistischen Auslegung der Menschenrechte in der UNO immer einen Riegel vorschob, gibt es nicht mehr. Juristischer Ausdruck dieses Vorstoßes ist die „universelle Rechtsprechung", das „Weltrechtsprinzip", nach dem Straftaten unabhängig vom Ort, an dem sie begangen wurden, verfolgt werden können. Da die dafür notwendigen rechtsprechenden Institutionen entsprechend der internationalen Kräfteverhältnisse gebildet werden, war von vornherein klar, dass sich das Weltrechtsprinzip nur gegen jene Staaten richten würde, die keine westlichen und damit vor allem keine amerikanischen Interessen verfolgen.

Erste Anwendung dieses Prinzips war die Gründung des „Internationalen Kriegsverbrechertribunals für Jugoslawien" im Jahr 1993. Doch bereits diese erfolgte auf Druck der USA unter Verletzung internationalen Rechts. Selbst UN-Generalsekretär Boutros Boutros-Ghali musste zugeben, dass „bei einem normalen Verlauf der Dinge die Gründung eines internationalen Tribunals einen internationalen Vertrag erfordern würde". Die UN-Vollversammlung oder eine speziell dafür einberufene Versammlung müsste den Vertrag annehmen. Darauf würde die Ratifizierung durch die Unterzeichnerstaaten folgen. Ein solches Vorgehen

„würde den an der Verhandlung und Ausarbeitung beteiligten Staates die volle Ausübung ihres souveränen Willens erlauben" (3. 5. 1993). Stattdessen maßte sich der UN-Sicherheitsrat entgegen der UN-Charta legislative Macht an und setzte die Genfer Konvention sowie die Konvention zur Prävention und Bestrafung von Völkermord außer Kraft. Beide Abkommen machen die Verfolgung dieser Verbrechen ausschließlich zum Prärogativ nationaler Jurisdiktion.

Ohne Präzedenzfall wurde das Tribunal beauftragt, sein Statut selbst festzulegen. Nach Artikel 16 des Statuts arbeitet der Ankläger unabhängig. Insbesondere darf er keine Weisungen einer Regierung entgegennehmen. Artikel 32 besagt, dass die Vereinten Nationen für die Kosten des Tribunals aufkommen müssen. Beide Prinzipien werden jedoch systematisch missachtet. 1994 und 1995 erhielt das Tribunal von der US-Regierung 700.000 US-Dollar und Computer im Wert von 2,5 Millionen Dollar, von der Rockefeller-Stiftung 50.000 Dollar und von George Soros 150.000 Dollar. Ein weiterer Spender ist der US-Mediengigant Time Warner. Als unter der Führung des ehemaligen US-Justizministers Ramsey Clark eine Klage gegen die Nato angestrengt wurde, veranlasste dies das Tribunal nicht einmal zu einer Voruntersuchung. Dazu die Chefanklägerin Louise Arbour am 13. 5. 1999: „Ich akzeptiere die Zusicherung der Nato-Führer, dass sie ihre Operationen in Jugoslawien unter voller Beachtung des humanitären Völkerrechts durchführen." Drei Tage später antwortete der Nato-Sprecher Jamie Shea auf die Frage, ob die Nato die Jurisdiktion des Tribunals über ihre Aktivitäten akzeptieren würde: „Ich glaube, wenn Arbour ihre Untersuchungen aufnimmt, dann deswegen, weil wir ihr es erlauben. Die Nato-Länder haben die Finanzmittel für die Errichtung des Tribunals zur Verfügung gestellt." André Mazy, pensionierter Erster Generalstaatsanwalt Belgiens, kam in einem Interview in der belgischen Zeitung *Solidaire* am 20. 2. 2002 zu dem Schluss: „Das Haager Tribunal ist illegal, ein Tribunal der politischen Justiz und eine Privateinrichtung."

Das zweischneidige Schwert der universellen Jurisdiktion

Dass die Vereinigten Staaten internationales Recht, wenn es ihren Interessen widerspricht, mit Füßen treten, war auch vor dem Ende der UdSSR kein Geheimnis: 1986 verurteilte beispielsweise der Internationale Gerichtshof die USA wegen „ungesetzlicher Gewaltanwendung" gegen Nikaragua. Washington erkannte den Rechtsspruch jedoch nicht an, obwohl die UN-Generalversammlung mit nur zwei Gegenstimmen (USA und Israel) die USA zur Erfüllung ihrer Verpflichtungen aufforderte.

In den 1990er Jahren hatten sich die Kräfteverhältnisse grundlegend verändert. Die Clinton-Administration ging mit ihrem Konzept der konfliktfreien Weltordnung unter Ausschluss der „Schurkenstaaten" von ihrer Hegemonie aus – auch in den internationalen Institutionen. Daher wagte sich Washington vor und griff vorsichtig das Weltrechtsprinzip auf, vor allem, weil Einigkeit in seiner Anwendung gegen den jugoslawischen Widerstand bestand. „Die Anklage gegen Slobodan Milošević ist der entscheidende Präzedenzfall für den zukünftigen ständigen Internationalen Strafgerichtshof (ICC)." Den nächsten Schritt in der Etablierung des Universalprinzips, wie ihn Michael Posner, Direktor des amerikanischen „Lawyers Committee for Human Rights", skizziert, wollten die USA nicht mehr mitgehen.

Im Jahr 2001 beschloss der US-Kongress den „American Servicemembers' Protection Act (ASPA)", der den ICC als eine „Bedrohung der Souveränität der Vereinigten Staaten" bezeichnet und die Regierung ermächtigt, „alle nötigen Mittel anzuwenden", einschließlich militärischer, um US-Soldaten, sonstige Amtsträger sowie ausländische Hilfskräfte aus dem Gewahrsam des ICC zu befreien. Fürderhin verbietet das gemeinhin „The Hague Liberation Act" genannte Gesetz jede Zusammenarbeit mit dem ICC und untersagt die amerikanische Beteiligung an „UN-Friedensmissionen", solange für US-Soldaten keine Sicherheit vor Strafverfolgung garantiert ist. Nachdem mehr als 60 Staaten den Römer Vertrag zur Gründung des Internationalen Strafgerichtshofs unterzeichnet hatten, wurde dieser am 1. Juli 2002 in Den Haag ins Leben gerufen. Fieberhaft schlossen die Vereinigten Staaten in der Folge mit über 50 Vasallenstaaten Nichtauslieferungsabkommen. Als am 1. Juli 2003 die im ASPA gesetzte Frist von einem Jahr auslief, straften die USA rund drei Dutzend Staaten, die bis dahin noch kein solches Abkommen geschlossen hatten, mit der Streichung von Militärhilfe ab.

In einer Rede vor dem Außenpolitischen Komitee des US-Senats am 23. Juli 1998 brachte John Bolton, damals Vizepräsident des „American Enterprise Institute", eines neokonservativen Think tank, und heute Unterstaatssekretär und Mitglied des Nationalen Sicherheitsrates, die Ablehnung der universellen Jurisdiktion auf den Punkt: „Die Definition von 'Kriegsverbrechen' enthält zum Beispiel: 'absichtlich gegen die Zivilbevölkerung als solche oder gegen zivile, nicht direkt an den Feindseligkeiten beteiligte Individuen gerichtete Attacken'. Eine faire Interpretation dieser Passage macht eine sichere Beantwortung der Frage unmöglich, ob die USA sich mit den Bombardements Deutschlands und Japans im Zweiten Weltkrieg Kriegsverbrechen schuldig gemacht haben. Noch mehr, diese Klauseln scheinen zu bedeuten, dass die USA sich durch den Abwurf von Atombomben auf Hiroshima und Nagasaki Kriegsverbrechen schuldig gemacht haben." Und Garry Schmitt vom „Project for a New American Century" zog in einem Memorandum vom 2. Januar 2001 die Schlussfolgerung: „Der Erhalt einer anständigen Weltordnung hängt vor allem von der amerikanischen Führung ab. Sowohl aus geostrategischen als auch aus konstitutionellen Gründen sollten wir diese Führung [...] keiner uns nicht rechenschaftspflichtigen supranationalen Körperschaft abtreten."

Ultima ratio Extraterritorialität

„Imperien brauchen sich nicht in den Rahmen eines internationalen Rechtssystems zu stellen. Sie vertreten den Anspruch, selbst dieses internationale Rechtssystem zu sein."
(Henry Kissinger, „Diplomatie", 1994).

Mit dem alleinigen Führungsanspruch geht die zunehmende extraterritoriale Anwendung des US-Rechts einher, das sich nicht nur über die Souveränität der Nationalstaaten, sondern auch über das Weltrechtsprinzip stellt.

1996 beschloss der US-Senat den „Iran Libya Sanctions Act (D'Amato)" und den „Cuba Liberty Act (Helms-Burton)". Beide Gesetze sehen Sanktionen nicht nur für US-Unternehmen vor, sondern bestrafen auch ausländische Firmen, die mit diesen Ländern Geschäfte machen und damit US-Interessen verletzen. Neben dem beispiellosen extraterritorialen Anspruch, der US-Recht über nationales Recht von Drittstaaten und über internationale Gesetze stellt, mutet die retroaktive Verleihung der amerikanischen Staatsbürgerschaft als besondere Willkür an. Denn als amerikanische Interessen gilt auch das Eigentum jener ehemaligen kubanischen Bürger, die durch die Revolution enteignet worden waren und erst danach die amerikanische Staatsbürgerschaft erwarben.

Entführung und Mord

Beim „law enforcement", der Durchsetzung ihres Rechts in aller Welt, sind die USA nicht gerade zimperlich. So stehen Entführungen und andere internationales Recht verletzende Methoden auf der Tagesordnung. Um den Schein zu wahren macht man sich dann gelegentlich die Mühe, mit illegalen Mitteln habhaft gewordene Verdächtige der normalen Rechtsprechung zu unterwerfen. Doch scheint mit seiner exzessiven Durchsetzung das Recht selbst zunehmend verloren zu gehen. Extralegale Internierung und Tötung werden zur gängigen Praxis.

„Besonders im letzten Jahrzehnt hat unsere Regierung erfolgreich versucht, Ausländer nach dem US-Strafrecht für Handlungen zu verfolgen, die gänzlich außerhalb der territorialen Grenzen der Vereinigten Staaten begangen wurden, aber dennoch Auswirkungen auf unser Land zeitigten. Ausländer müssen nicht nur erstens unsere Drogengesetze, zweitens unsere Kartellgesetze, drittens unsere Wertpapiergesetze achten, sondern dürfen viertens eine ganze Reihe anderer bundesstrafrechtlicher Bestimmungen nicht verletzen. Die enorme Ausweitung der Strafrechtsprechung des Bundes außerhalb der Grenzen unserer Nation bewog einen Kommentator dazu, 'Rockmusik, Blue Jeans und US-Gesetze' als die drei wichtigsten Exportprodukte unseres Landes zu nennen." Dieses Zitat stammt aus einer Gerichtsverhandlung im Jahr 1990 über den Fall Humberto Alvarez-Machain. Der mexikanische Staatsbürger war 1985 im Auftrag der „Drug Enforcement Agency (DEA)" in die USA entführt, dort vor Gericht gestellt und schließlich freigesprochen worden. Ronald J. Rychlak schrieb für die konservative *Federalist Society* über diesen Fall und zitierte dabei US-Gesetz 21 § 878 (3): „Ein DEA-Agent ist gesetzmäßig ermächtigt, 'eine Person ohne Haftbefehl wegen Verdachts auf Verübung eines nach US-Gesetzen zu verfolgenden Verbrechens zu verhaften'. Bundesagenturen zur Gesetzesdurchsetzung haben im Zusammenhang mit der Verfolgung extraterritorialer Verbrechen eine besonders weit gefasste Befugnis zu Verhaftungen."

Von weltpolitischer Bedeutung war das nach extraterritorialem Prinzip erfolgte Kidnapping des panamesischen Präsidenten Manuel Noriega. Er war über ein Jahrzehnt lang nicht nur politische US-Marionette, sondern nachweislich hoch bezahlter CIA-Agent gewesen. Trotz seiner den US-Drogenbehörden bekannten Zusammenarbeit mit dem kolumbianischen Medellín-Kartell erhielt er vom damaligen CIA-Chef William Webster explizites Lob für die Verfolgung der Konkurrenten seiner Partner. Denn mit den Drogengeldern wurde der schmutzige Krieg der Contras gegen das sandinistische Nikaragua finanziert. Als Noriega jedoch Anstalten machte, den Übergabevertrag für den Panama-Kanal und die mit ihm verbundenen US-Militärbasen für Panama günstiger zu gestalten, und darüber hinaus auch Beziehungen zu Nikaragua und Kuba entwickelte, wurde er 1988 wegen Drogendelikten angeklagt. Als er in der Folge trotz amerikanischen Drucks nicht zurücktreten wollte und gar einen US-gesponserten Putschversuch überlebte, entschlossen sich die USA im Dezember 1989 zu einer Militärintervention. Präsident Bush senior begründete die Operation „Gerechte Sache" folgendermaßen: „Erstens zum Schutz amerikanischen Lebens, zweitens um die Demokratie zu verteidigen, drittens um den Panama-Kanal-Vertrag zu schützen und viertens um Noriega zu fassen und vor Gericht zu stellen." Nebenbei wurde das Armenviertel El Chorillo dem Erdboden gleichgemacht. Laut der „Independent Commission of Inquiry", deren Bericht 1991 in Boston erschien, verloren dabei Tausende Menschen ihr Leben und an die 30.000 wurden obdachlos.

„US-Beteiligung an der Ergreifung Terrorverdächtiger in Drittländern und ihre Verbringung in die USA oder andere Länder fast oder gänzlich ohne gerichtliche Verfahren ist nicht neu", doch hat laut *Washington Post* vom 11. 3. 2002 diese Praxis seit dem 11. September 2001 neue Dimensionen angenommen. In befreundeten Zielstaaten wie Ägypten oder Jordanien würden in direktem Beisein von US-Agenten vielfach Folterpraktiken angewendet, die in den USA verboten seien.

Am 24. Juni 2003 verschwanden in Malawi fünf unter Terrorverdacht verhaftete türkische Staatsbürger aus dem Justizgewahrsam. Die USA wollten ihrer habhaft werden, die malawische Justiz war aber nicht bereit sie auszuliefern. „Wenn das wahr ist", meint amnesty international, sich auf die Entführung beziehend, „würde diese Episode an den ungesetzlichen Transfer von sechs Algeriern aus Bosnien-Herzegowina im Januar 2002 erinnern." Die sechs in Bosnien eingebürgerten oder im Besitz von permanenten Aufenthaltstiteln befindlichen Algerier waren nach einem Hinweis der USA im Oktober 2001 als Terrorverdächtige verhaftet worden. Da die amerikanischen Behörden jedoch nicht bereit waren, Beweise zu liefern, musste die bosnische Justiz die Verdächtigten im Januar 2002 wieder freilassen. Bevor dies jedoch geschah, forderten die USA die Übergabe der sechs Männer in den Gewahrsam der US-Streitkräfte in Bosnien. Obwohl die höchste Körperschaft der bosnischen Justiz, die „Menschenrechtskammer", und amnesty international das amerikanische Ansuchen auf Auslieferung als menschenrechtswidrig beeinspruchten, gaben die bosnischen Behörden dem Druck nach. Die sechs freien Personen wurden am 18. 1. 2002 dem US-Militär übergeben, das sie ohne weitere Angaben deportierte. Erst später kam ans Tageslicht, dass sie im Camp X-Ray auf Guantánamo interniert worden waren. Der Repräsentant des UN-Hochkommissars für Menschenrechte in Bosnien verurteilte den Fall als „extralegale Entfernung von souveränem Gebiet".

Da die USA niemandem Rechenschaft über die Identität und über die Verbringung ergriffener „Terrorverdächtiger" ablegen, ähnelt ihr Vorgehen der Praxis des „Verschwindenlassens". Der Begriff stammt aus der Zeit der von den USA protegierten lateinamerikanischen Militärdiktaturen in den 1970er und 1980er Jahren. Vor allem in Chile und Argentinien entführten Armee und Polizei Zehntausende Oppositionelle, die ohne Einschaltung der Justiz interniert und zum Teil ermordet wurden. Die Behörden behaupteten, nichts zu wissen. Sie betrachteten sich als gegenüber der Öffentlichkeit nicht rechenschaftspflichtig. Vielfach ist der Verbleib der Verschwundenen bzw. ihrer sterblichen Überreste bis heute unbekannt.

Am 3. 11. 2002 zerstörte im Jemen eine von einer CIA-Drohne abgeschossene Rakete ein Fahrzeug, alle sechs Insassen kamen ums Leben. Einer der Getöteten, Qaed Sinan Harithi, war US-Bürger. Obwohl der südarabische Staat mit den USA befreundet ist, gaben – im Gegensatz zu ähnlichen Aktionen im Sudan und in Afghanistan – die Behörden in Sanaa keine Bewilligung für den Mordanschlag. amnesty international: „Wenn es sich um eine beabsichtigte Tötung von Verdächtigen, von denen keine unmittelbare Bedrohung ausging, anstatt ihrer Verhaftung handelte, dann wäre das eine extralegale Exekution unter Verletzung des humanitären Völkerrechts."

Bereits in den 1950er und 1960er Jahren, dem ersten Höhepunkt des Kalten Krieges, führten amerikanische Agenturen in aller Welt Mordanschläge auf politische Gegner durch. Unter dem öffentlichen Druck der Bewegung gegen den Vietnam-Krieg wies 1974 die parlamentarische „Church"-Kommission die Beteiligung von Geheimdienstagenten an Liquidierungen nach. Präsident Gerald Ford fühlte sich veranlasst, am 18. 2. 1976 im „Executive Order 11905" zu dekretieren, dass „kein von den USA Beschäftigter oder an ihrer statt Handelnder Morde durchführen oder vorbereiten soll". Selbst Ronald Reagan, der Inhaber des Präsidentenamtes am zweiten Höhepunkt des Kalten Krieges, bestätigte diese Politik 1981 im „Executive Order 12333". Unter Bill Clinton begann die Kehrtwendung. 1998 befahl er den Mord an Osama bin Laden, wie er selbst eingestand (BBC, 23. 9. 2001). Am 17. 9. 2001 ließ George W. Bush keinen Zweifel daran, dass er zur Tradition der Lynchjustiz zurückkehren wolle: „Ich will Gerechtigkeit. Und es gibt da draußen im Westen ein altes Plakat, das sagt: 'Wanted: Dead or alive'." Der Kongress hatte drei Tage nach den Anschlägen in New York und Washington dem Präsidenten praktisch einen Freibrief ausgestellt. In der Folge erließ Bush laut Berichten der US-Presse mehrere geheime „presidential findings", die den verschiedenen US-Agenturen die „Lizenz zum Töten" ausstellten, wie es die BBC am 23. 10. 2001 bezeichnete. Eine Einschränkung der verfassungsmäßigen Bürgerrechte wurde darin nicht gesehen, denn es handle sich bei den Zielobjekten um „enemy combatants", also nichtmenschliche Menschen. Mit dem „Patriot Act", dem „Homeland Security Act" und anderen Gesetzen wurde der Ausnahmezustand de facto legalisiert. Die Legislative schränkte ihre im Vergleich zu europäischen parlamentarischen Systemen bereits geringen Kompetenzen zu Gunsten der Präsidialmacht weiter ein – eine Form des legalen Staatsstreichs. Im Jahr 2001 lehnte das Parlament einen „Terrorist Elimination Act", der per Dekret ergangene Tötungsbefehle absichern sollte, noch ab. Eine neue Version des Gesetzes war bei Drucklegung dieses Buches noch in parlamentarischer Begutachtung.

Laut *New York Times* kommentierten Quellen aus dem Umfeld von Pentagon-Chef Donald Rumsfeld den Anschlag im Jemen folgendermaßen: „Wir haben neue Befugnisse, neue Instrumente und den neuen Willen, es überall zu tun, wo es getan werden muss." Da nimmt es nicht wunder, dass die Welt die in Bushs Rede zur Lage der Nation beschworene amerikanische Gerechtigkeit als imperiale Bedrohung versteht, ja verstehen soll: „Die Männer und Frauen unserer Luftwaffe haben eine Botschaft überbracht, die jetzt jeder Feind der Vereinigten Staaten versteht [...] – ihr werdet der Gerechtigkeit dieser Nation nicht entkommen."

⑤ Umweltzerstörung

Nachhaltiger Raubbau an der Natur

Das biblische „Macht euch die Erde untertan!" charakterisiert nicht nur den politisch-militärischen Hegemonialanspruch der protestantisch-fundamentalistischen amerikanischen Elite. Alleine mit ihrem 30%-Anteil an der globalen Erwärmung (World Ressource Institute 2000) leisten die USA einen entscheidenden Beitrag dazu, die Erde ihrem Modell der neoliberalen Globalisierung anzupassen. In den nächsten 100 Jahren prognostizieren Wissenschaftler einen Temperaturanstieg von bis zu 5,8° C – eine Erwärmung, die weit über die in den letzten 10.000 Jahren registrierten Schwankungen hinausgeht (Helga Kromp-Kolb, Universität für Bodenkultur Wien, 2002).

Die USA sind auch die führende Nation in der Entwicklung und Anwendung biotechnologischer Verfahren, um „verbessernd" in den genetischen Code von Pflanzen, Tieren und theoretisch auch Menschen einzugreifen. Die US-Umweltpolitik ist also ein Spiegelbild des rücksichtslosen „American way of life", dessen ideologische Grundlage in einem quasi-religiösen Vertrauen auf Modernismus und Technizismus wurzelt. Der ägyptische Entwicklungstheoretiker Samir Amin fasst in seinem Artikel „Die amerikanische Ideologie" die amerikanische Rücksichtslosigkeit gegenüber der Umwelt folgendermaßen zusammen: „In Neuengland entstand ein einfacher und falscher Glaube, der davon ausging, dass die Wissenschaft (das heißt: die reinen Wissenschaften wie die Physik) den Lauf der Gesellschaft bestimmen müsste – eine Meinung, die in den USA seit mehr als einem Jahrhundert vorherrscht, nicht nur in ihrer herrschenden Klasse, sondern auch unter den einfachen Menschen."

Amerikas Versuch der „nachhaltigen" Räuberei

In einem triumphalistischen Siegestaumel nach dem Ende des Kalten Krieges proklamierte George Bush senior in seiner Rede zur Lage der Nation am 29. Januar 1991 eine umfassende neue Weltordnung: „Es steht mehr auf dem Spiel als nur ein kleines Land – es ist eine große Idee: eine neue Weltordnung, in der verschiedene Nationen in einer gemeinsamen Sache zusammenstehen, um die universellen Hoffnungen der Menschheit zu verwirklichen: Frieden und Sicherheit, Freiheit und Rechtsstaatlichkeit. [...] Seit Generationen übernimmt Amerika die Führungsrolle im Kampf um die Erhaltung und Ausdehnung der Wohltaten der Freiheit. [...] Dies ist [...] ein Appell [...] sich auf das nächste amerikanische Jahrhundert vorzubereiten." Zwar unterstrichen die USA die neue Hackordnung in der „Gemeinschaft der Nationen" sogleich mit einem Bombenteppich auf den Irak. Dennoch setzte der amerikanische Diskurs auf politische Hegemonie, auf Befriedung statt (oder neben) Unterwerfung. Ein neuer Universalismus der multilateralen Problemlösung innerhalb der Staatengemeinschaft sollte die Spaltung des Kalten Krieges überwinden.

Die UN-Konferenz über Umwelt und Entwicklung (UNCED) im Juni 1992 in Rio war als „größtes Treffen der Erdgeschichte" mit 178 Teilnehmerstaaten und einem parallelen NGO-Forum als ein Symbol für diese neue Einheit der Staatengemeinschaft geplant. Hinter der wohlklingenden ideologischen Vermarktung der neoliberalen Globalisierung gilt die Rio-Konferenz aber bereits als erster Indikator für das Durchsetzen des amerikanischen Universalismus. Die Debatte zum Schutz der weltweiten Biodiversität als ein Schwerpunkt der UNCED wurde zu einem Spiegelbild der faktisch unilateralen Machtverhältnisse innerhalb der neuen Weltordnung.

Die USA lancierten das von der FAO in den 1980er Jahren geprägte Stichwort der Biodiversität als „Erbe der Menschheit". Ziel war es, den freien Zugang zu diesem strategischen natürlichen Reichtum südlicher Länder zu Gunsten der aufstrebenden biotechnologischen Branche zu sichern. Hinter dem Bild einer besorgten Staatengemeinschaft wartete die US-dominierte Globalisierung, um die nationalstaatlichen Souveränitätsrechte über die natürlichen Ressourcen aufzuheben.

„Es ist der Versuch, Interesse für unsere Ressourcen zu erzeugen, um dadurch zu bestimmen und zu kontrollieren, wie diese Ressourcen genutzt und verwaltet werden. In gewisser Weise würde es einer Enteignung unserer Wälder und anderer biologischer Ressourcen durch die Hintertür und ohne 'sofortige, adäquate und effektive' Entschädigung gleichkommen, indem wir als Verwalter die nominelle Kontrolle behalten." Diese Kritik peripherer Staaten des Südens, hier des Vertreters von Ghana für die Gruppe der 77 auf der UNCED-Vorbereitungskonferenz in Genf im August 1991, blockierte vorläufig den Versuch der vollständigen Globalisierung der Biodiversität zu Gunsten der USA und des Westens und zwang die UNCED zur Verankerung der nationalen Hoheit über die biogenetischen Ressourcen in Artikel 15 der Biodiversitätskonvention (CBD) von Rio. Trotzdem die USA sich die unbeschränkte Verfügungsgewalt über die genetischen Ressourcen nicht sichern konnten, wurde in Artikel 8 der CBD verankert, dass die „Teilung der aus der Nutzung dieser Kenntnisse, Innovationen und Gebräuche entstehenden Vorteile" anzustreben sei. Über wissenschaftliche Kooperation konnten multinationale Konzerne wie Monsanto unter dieser Formel den Zugriff auf Ressourcen und traditionelles Wissen beginnen.

Dennoch war für den biotechnologisch-industriellen Komplex und seinen wichtigsten politischen Fürsprecher, die Regierung der USA, diese Formulierung keine befriedigende Lösung. Die CBD regelte, entgegen dem vorherrschenden Geist der völligen Marktöffnung im Zuge der Liberalisierung des Weltmarktes, den Zugang zum biologischen Reichtum des Südens nur so weit, dass den südlichen Ländern zumindest ein Anteil an ihrem eigenen Reichtum zufallen sollte. Deshalb wurde von Washington die „Dreifaltigkeit des Liberalismus" – IWF, Weltbank und WTO – in Bewegung gesetzt, um den Weg zur Eroberung der genetischen Ressourcen trotz UN-Biodiversitätskonvention zu öffnen. Mittel dazu war die Neuformulierung des Patentrechts im Rahmen der WTO und der WIPO (World Intellectual Property Organisation, Weltorganisation für geistiges Eigentum). Nun können nicht nur Neuzüchtungen oder neue synthetische Substanzen, die mit genetischem Material aus dem Süden hergestellt wurden, patentrechtlich geschützt werden. Auch Teile des genetisches Codes oder das ganze Genom einer Art sind patentierbar. „Mit dem weltweiten Patent auf ein Gen, eine Gensequenz oder genetisch verändertes Saatgut erhalten die Patentinhaber das Monopol auf weltweit alle existierenden Pflanzen mit diesem Gen und auf alles Saatgut, das daraus über die natürliche Fortpflanzung reproduziert werden kann" (Susanne Schultz: Kleinbäuerliche Gemeinschaften im Labyrinth der Patente, Berlin 1997).

Jene ungleichen Verhältnisse, die durch die technologische Dominanz des Nordens in der Bio- und Gentechnologie ohnehin bestehen und sich durch das neoliberale Dogma des Freihandels noch weiter vertieft haben, erhalten durch diese Regelung eine neue Dimension. „Um die ungleichen Kräfteverhältnisse innerhalb des Patentsystems zu verdeutlichen", erinnerte Jean-Paul Maréchal in *Le Monde diplomatique* im Juli 1999 daran, „dass sich nach Angaben der Weltorganisation für geistiges Eigentum (WIPO) Mitte der 1990er Jahre 95% der Patente aus Afrika, knapp 85% der lateinamerikanischen und 70% der asiatischen Patente im Besitz von Einzelpersonen und Firmen der Industrieländer befinden."

Ein bekannter Fall für den patentrechtlichen Raub der USA ist der des Neem-Baumes in Indien. Die Inhaltsstoffe des Baumes können, sobald sie technisch isoliert sind, patentrechtlich geschützt werden. Für die bisherigen Nutzungsformen des Baumes als Heilpflanze und als Mittel zur Schädlingsbekämpfung gibt es keine Schutzrechte. Weltweit wurden seit 1985 von amerikanischen, japanischen und europäischen Firmen etwa 90 Patente auf Wirkeigenschaften und Extraktionsverfahren eingereicht, insbesondere durch die Firma W. R. Grace & Co. New York. Nachdem W. R. Grace & Co. in Indien eine Fabrik gebaut hat, die pro Tag 20 Tonnen Neem-Früchte verarbeiten kann, werden nahezu alle Früchte, die zuvor kostenlos zur Verfügung standen, von dieser Fabrik aufgekauft. Dadurch ist der Preis für Neem sprunghaft angestiegen und für einfache Leute unbezahlbar geworden. Neem-Öl, das als Brennstoff für Lampen benutzt wurde, ist praktisch nicht mehr verfügbar, weil die traditionellen Ölmüller zu den Neem-Früchten keinen Zugang mehr haben.

Besonders brutal ist das amerikanische Beharren auf dem Patentrecht für Medikamente. Über den Patentschutz geistigen Eigentums (TRIPS-Abkommen der WTO) verhindert Amerika den Zugang von Entwicklungsländern zu Generika (kostengünstige

Kopien von Medikamenten). Jährlich sterben zwei Millionen Kinder an Lungenentzündung, fast alle in Entwicklungsländern. Ein optimales Heilmittel ist das Pfizer-Antibiotikum Azithromycin (Zithromax). In Kenia steht dieses Medikament jedoch unter Patentschutz und kostet mehr als etwa in Norwegen. Kenia darf das generische Äquivalent aus Indien, wo der Preis nur ein Fünftel beträgt, nicht importieren. Indien kann Azithromycin nur deshalb produzieren, weil es das TRIPS-Abkommen noch nicht vollständig umgesetzt hat. Durch die Ausbreitung der Immunschwäche Aids ist die öffentliche Aufmerksamkeit auf die Folgen der Gewinnsucht der Pharmamultis gewachsen. Die zurzeit bestmögliche Langzeitbehandlung von Aids-Kranken kann nur mit patentgeschützten Medikamenten durchgeführt werden und kostet in den Industrieländern zwischen 10.000 und 15.000 Dollar pro Jahr. Nach Angaben des Aids-Updates für 2002 der UNAIDS gibt es weltweit 42 Millionen Infizierte, davon leben 90% in Ländern der Peripherie. Für sie sind solche Preise unerschwinglich. Auch gelegentliche karitative Gesten der Großkonzerne sind nur ein Tropfen auf den heißen Stein. In Südafrika, dem mit 4,7 Millionen Infizierten von der Immunschwäche am stärksten betroffenen Land, kam es daher im Frühjahr 2001 zum offenen Streit um den Preis patentgeschützter Aids-Medikamente: 39 große Pharmahersteller klagten gegen ein Gesetz, mit dem die südafrikanische Regierung den Import billiger Imitate patentgeschützter Aids-Medikamente legalisieren wollte. Auch Brasilien geriet ins Kreuzfeuer, als es ein Programm zur kostenlosen Verteilung von Arzneimitteln an Kranke lancierte. „Da Brasilien die westlichen Preise nicht bezahlen kann, wurde noch ein weiteres Gesetz verabschiedet, das Patentinhaber verpflichtet, ihre Medikamente binnen drei Jahren in Brasilien herzustellen, andernfalls verfällt ihr Patent und die heimischen Hersteller dürfen es kopieren. Brasilien hat dafür massive Repressalien seitens der Pharma-Konzerne und vor allem der USA erfahren, doch es hat sich gelohnt: Das Programm hat die Aids-Todesrate um mehr als 50% gesenkt. Wäre das TRIPS-Abkommen geschlossen worden, hätte Brasilien generische Aids-Medikamente nicht gratis verteilen können" (Katja Seefeld: Pillen und Patente, März 2002).

Sam likes it hot

Ein zweiter Schwerpunkt der UNCED lag auf der Klimaschutz-konvention. Das in Rio unterzeichnete Rahmenabkommen sollte von den Vertragsstaaten durch bindende Mechanismen umgesetzt werden, um eine tatsächliche Reduktion von Treibhausgasen über den „good will" der UN-Konvention hinaus zu erreichen. Auf der 3. Vertragsstaatenkonferenz in Kioto 1997 wurde angestrebt, die Emissionen von Treibhausgasen bis zum Jahr 2012 auf 5,2% unter das Niveau von 1990 zu senken. Das „Kioto-Protokoll" tritt als völkerrechtlich bindender Vertrag in Kraft, wenn es von mindestens 55 Staaten ratifiziert wird, die zusammen mindestens 55% der Treibhausgasemissionen auf sich vereinigen. Es wird von den Staaten, die es ratifiziert haben – darunter die EU –, bereits implementiert. Die USA sind laut „European Environment Agency" mit einer je Einwohner umgerechneten CO_2-Emission von 20,5 Tonnen pro Jahr unangefochtene Führer im Klimawandel (EU: 8,5 t; Weltdurchschnitt: 3,8 t). Während die CO_2-Emissionen in den USA im Zeitraum von 1990 bis 2000 laut dem Deutschen Institut für Wirtschaftsforschung um 17% (plus 806 Mio. t auf 5.650 Mio. t pro Jahr) angestiegen sind – doppelt so stark wie im weltweiten Durchschnitt –, betrug der Anstieg in China, das von den USA immer als Hauptgefahrenherd für die künftige Klimaänderung ins Feld geführt wurde, nur 5% (plus 109 Mio. t auf 2.467 Mio. t pro Jahr).

Die USA hatten von Anbeginn der Verhandlungen über die Umsetzung der Klimakonvention versucht, eine bindende Reduktion von klimarelevanten Gasen zu blockieren. Dabei setzten sie auf drei Strategien. Erstens sollte ein Markt für den Handel mit Emissionsrechten zwischen den Staaten geschaffen werden. So könnten Länder mit hohen Anteilen und ohne Willen zur Reduktion im eigenen Land Emissionsrechte von anderen Ländern wie etwa Russland (das auf Grund des industriellen Kollaps nach 1989/90 um etwa 30% weniger Emissionen zu verzeichnen hat als 1990) zukaufen. Zweitens sollten „flexible Mechanismen" eingeführt werden, etwa der „Mechanismus für umweltverträgliche Entwicklung" (CDM), durch den ein Land das Recht erwerben kann, bei Implementierung eines emissionssparenden Projektes in einem anderen Land sich diese Einsparungen anrechnen zu lassen. Einige Länder, darunter die USA, brachten dabei die „saubere Energiegewinnung" durch die Kernkraft als CDM ins Spiel. Drittens forderten die USA, „Kohlendioxid-Senken" anzuerkennen, etwa Aufforstungen oder kohlenstoffbindende Methoden der Bodennutzung. Auch die US-Forstlobby witterte hier eine Chance, in „unproduktiven Tropenwäldern" Aufforstungen mit schnell wachsenden Arten voranzutreiben, die entsprechend Kohlenstoff assimilieren.

Im November 2000 ließen die USA und ihre Verbündeten in Sachen Treibhauseffekt (Australien, Kanada, Japan) die 6. Vertragsstaatenkonferenz von Den Haag platzen, als der Vorsitzende der Konferenz, der UN-Umweltbeauftragte Jan Pronk, sich gegen den Handel mit Verschmutzungsrechten aussprach.

Am 29. März 2001 stiegen die Vereinigten Staaten unter der Regierung von Präsident Bush schließlich ganz aus dem Kioto-Protokoll aus. Sie rechtfertigten diesen Schritt folgendermaßen: „Die Ziele des Kioto-Protokolls wurden nicht auf wissenschaftlicher Basis erstellt, sondern sind das Ergebnis politischer Verhandlungen. Sie sind daher willkürlich und von ihrer Natur her wirkungslos. Darüber hinaus sind viele Länder der Erde gänzlich vom Kioto-Protokoll ausgenommen, zum Beispiel China und Indien, die allerdings zu den fünf weltgrößten Produzenten von Treibhausgasen gehören. Außerdem ist anzunehmen, dass das Kioto-Protokoll signifikante Auswirkungen auf die Weltwirtschaft haben könnte. Die Lösung der Klimaveränderungsproblematik muss auf der freien Marktwirtschaft basieren, damit sie sowohl nachhaltig als auch umsichtig ist. Es kann nicht im Interesse irgendeines Landes sein, das eigene Wirtschaftswachstum oder das der Vereinigten Staaten zu gefährden, denn das würde weltweit nachteilige Auswirkungen mit sich bringen. Die im Rahmen des Kioto-Protokolls festgelegten Bestimmungen basieren auf unflexiblen regulativen Strukturen, die sich investitionsverzerrend auswirken und Milliarden US-Dollar für Umweltschutz-Genehmigungen verschwenden würden. [...] Bei regulativen Strategien werden diese Ausgaben auf 2-4% des Bruttonationalproduktes der Vereinigten Staaten geschätzt, was ähnliche wirtschaftliche Auswirkungen hätte wie die weltweite Ölkrise in den 1970er Jahren" (US-Botschaft in Wien, Fact Sheet „Die Vereinigten Staaten und das Kioto-Protokoll").

Die USA sind mit George W. Bush damit auch auf der umweltpolitischen Ebene zu einem offenen Unilateralismus und einer alle internationalen Initiativen auf UN-Ebene torpedierenden Politik übergegangen, einem Signal zur Zementierung des „American way of life, bis die Welt in Ruinen liegt". Und das trotz der minimalistischen Anforderungen des UN-Klimaschutzes, der mit jeder Vertragsstaatenkonferenz ein wenig mehr den US-Forderungen angepasst wurde. Die Umsetzung des Kioto-Protokolls würde eine Temperatursenkung von gerade 0,06° C bewirken, während – mit Hilfe von Simulationsmodellen – bis 2050 ein Anstieg von 2° C, bis 2100 von 5,8 bis 6,9° C prognostiziert wird (Kromp-Kolb). „Doch all diese Anzeichen zählen nichts", stellte Raymond Clémençon am 27. 10. 2001 in einem Kommentar in der *Neuen Zürcher Zeitung* fest. „Im Namen 'strenger Wissenschaftlichkeit' warten Forscher und Politiker auf hypothetische 'Gewissheiten' statt dem Vorsorgeprinzip zu folgen. [...] Welche Klimastudie wird je den 'unwiderlegbaren Beweis' erbringen können, dass wir auf eine Katastrophe zusteuern?" Einige Wissenschaftler zweifeln daran, dass es sich um einen vom Menschen induzierten Wandel handelt. Aber mehrheitlich geht man wegen der Rasanz der Veränderungen doch davon aus, dass die vom Menschen herrührenden Emissionen der Verursacher sind. Die UNO jedenfalls erkennt den Treibhauseffekt als anthropogen an. Samir Amin kommentiert in der „Amerikanischen Ideologie": „Hier ist das Denken in den USA den vormodernen Versuchen der Versöhnung von Glauben und Ratio näher als der modernen wissenschaftlichen Tradition."

Gentechnische Invasion der Landwirtschaft und Ernährung

Laut dem „Service for the Acquisition of Agri-Biotech Applications" (ISAAA) wurden 2001 weltweit auf einer Gesamtfläche von 52,6 Mio. Hektar gentechnisch veränderte Pflanzen angebaut. Damit haben sich diese Anbauflächen seit 1999 fast verdoppelt. Gegenüber 2000 wurde ein Zuwachs von 19% bzw. 8,4 Mio. Hektar registriert. 99% des Anbaus gentechnisch veränderter Pflanzen entfallen jedoch auf nur vier Länder: USA (35,7 Mio.

ha), Argentinien (11,8 Mio. ha), Kanada (3,2 Mio. ha) und China (1,5 Mio. ha). Am häufigsten wurden genmanipulierte Sojabohnen angebaut (33,3 Mio ha, d.i. 63% der Gesamtfläche), gefolgt von Weizen mit 9,8 Mio. Hektar (19%) und transgener Baumwolle mit 6,8 Mio. Hektar (13%). Auf Druck der USA hat die EU kürzlich ihr seit 1998 geltendes Moratorium für die Neuzulassung gentechnisch veränderter Pflanzen aufgehoben. Ersetzt wurde diese Importsperre durch eine Regelung, die die Kennzeichnung und Rückverfolgung von Gentechnik-Produkten fordert. Für die USA Grund genug zu protestieren, dies sei weiterhin handelsverzerrend. Die gesundheitlichen Risiken (Toxizität, Allergenität, Antibiotika-Resistenz) gentechnisch veränderter Produkte sind umstritten. Bisher galt das Vorsorgeprinzip, das bei wissenschaftlicher Unklarheit die Gefährdung durch Nichtzulassung ausschließen sollte. Umso mehr, als laut EU-Eurobarometer-Umfragen (April 2000) europaweit zwischen 50% und 70% der Konsumenten gentechnisch veränderte Lebensmittel ablehnen.

Umweltrelevante Risiken durch die Auspflanzung transgener Pflanzen werden als wahrscheinlich eingestuft. Die Auskreuzung von in Nutzpflanzen übertragenen Genen in Wildpflanzen oder benachbarte gentechnikfreie Bestände ist kaum zu verhindern. Im November 2001 veröffentlichten zwei kalifornische Wissenschaftler in der Zeitschrift *Nature* den Fund von transgenem Mais in Oaxaca (Mexiko). Da in Mexiko der Anbau von transgenem Mais verboten ist, liegt die Hypothese nahe, dass dies auf weitläufige Übertragung von Pollen mit dem Wind zurückzuführen ist. Besonders die biologische Landwirtschaft ist durch die Legalisierung gentechnisch veränderter Pflanzen massiv gefährdet. Auch die EU-Regelung lässt offen, wer im Fall einer Verseuchung gentechnikfreier Felder Schadenersatz zu leisten hat. Die Gentechnik-Invasion der USA untergräbt damit auf brutale Weise den Wunsch der Konsumenten nach gentechnikfreien Produkten und zwingt der Gesellschaft eine Risikotechnologie auf, deren mögliche weit reichende Folgen unkontrollierbar sein können. Wer mag da noch behaupten, die Marktwirtschaft amerikanischen Zuschnitts sei von den Vorstellungen der Nachfrage des Verbrauchers gesteuert?

Müll für die Unterschicht

Jeder US-Amerikaner produziert im Durchschnitt 660 kg Müll pro Jahr. Neben dem Anstieg der Müllberge kommt die Problematik der stofflichen Zusammensetzung und damit der Möglichkeit der Entsorgung hinzu. Die Anteile an Kunststoff und Aluminium, aber auch an giftigen Substanzen in den anfallenden Abfällen steigt ständig an.

1992 veröffentlichte die juristische Fachzeitschrift *National Law Journal* eine Studie mit dem Namen „Unequal Protection, the Racial Divide in Environmental Law". Dort wurde nachgewiesen, dass bei Entscheidungen über die Lagerung und Beseitigung gefährlicher Abfälle das Kriterium der „Rasse" mitspielt. Über finanzielle Ausgleichszahlungen versuchen US-Behörden in unterprivilegierten Gemeinden, die in erster Linie von ethnischen Minderheiten bewohnt werden, und Indianerreservaten Endlagerstätten für toxische, medizinische und nukleare Abfälle zu erkaufen. „So hat die Beraterfirma Cerrell Associates der Abfallbeseitigungsbehörde des Staates Kalifornien unverblümt empfohlen, Regierung und Privatfirmen sollten die Anlagen in Stadtvierteln mit niedrigen Einkommen ansiedeln, wo sie auf wenig Widerstand treffen werden" (Eric Klinenberg, in: Le Monde diplomatique, 13. 2. 1998). Indianerreservate wurden dabei besonders ins Auge gefasst, insofern sie einem rechtlichen Sonderstatus unterliegen, der einzelstaatliche und lokale Rechtsnormen zu Gunsten von Entscheidungen der Stammesversammlungen aufhebt. Angesichts der weitgehenden Verelendung der in den Reservaten lebenden indianischen Bevölkerung versuchen US-Firmen für geringe Entschädigungen die Zustimmung der Stammesführer zur Abfallendlagerung in ihren Gebieten zu gewinnen. „Im Mai 1992 lancierte die US-Behörde für nukleare Abfälle den Vorschlag, überwachte Lagerstätten [...] in indianischen Gemeinden zu errichten, die jeweils mit 100.000 US Dollar entschädigt würden" (Randel D. Hansen: Indian Burial Grounds for Nuclear Waste, in: Multinational Monitor, Washington D.C., September 1995).

Da akute Gesundheitsprobleme in den USA den Widerstand gegen die Verseuchung von bewohntem Gebiet anwachsen ließen, greifen die USA – ganz im Sinne der Globalisierung – auf das große Reservoir ihrer Hinterhöfe und abhängigen Länder zurück, in denen die ökologischen und gesundheitspolitischen Normen geringere Anforderungen stellen oder nicht entsprechend kontrolliert werden. „Insgesamt [...] werden pro Jahr ca. 20 Millionen Tonnen hochgiftiger Abfälle von den westlichen Industrienationen in alle Welt verbracht. Und in der Mehrheit der Fälle dürfen diese Abfälle als 'Wirtschaftsgüter' deklariert werden. [...] Mit enormer Rücksichtslosigkeit nutzen die Industrienationen verstärkt die Devisenengpässe von Dritte-Welt-Ländern und haben wie im Fall von Benin sogar die weitere Auszahlung von Entwicklungshilfe von der Bereitschaft zu Müllimporten abhängig gemacht" (Veit Hannemann: Hauptsache billig und weit weg, in: Lateinamerika Nachrichten, Nr. 214). Die USA weigern sich bis heute, der Basler Konvention von 1989 und den damit verbundenen Abkommen zum Verbot des Exportes giftiger Abfälle in die Dritte Welt zu entsprechen. Der fortgesetzte Giftmüllexport ist damit ein drastisches Beispiel für die Notwendigkeit des inneren und äußeren Kolonialismus als Bedingung der Kontinuität des US-amerikanischen Wirtschaftsmodells.

Umwelt und präventiver Krieg

Die US-amerikanische Überzeugung von der Absicherung des neuen amerikanischen Jahrhunderts mit präventiv kriegerischen Mitteln wurde bereits unter Clinton auf die umweltpolitische Dimension angewandt. Limitierte Ressourcen und die extremen Ungleichheiten in der Verfügungsgewalt darüber ließen die USA ab Anfang der 1990er Jahre prognostizieren, dass „in einem sehr realen Sinne ökologische Zerstörungen die Sicherheit unserer Nation und die Sicherheit der Welt bedrohen" (US-Senator Sam Nunn im Juni 1990 vor dem Senat). 1996 fand diese neue Gefahr Eingang in die Nationale Sicherheitsstrategie: „Amerikas Sicherheitsgebote haben sich fundamental verändert. [...] Die Gefahren, denen wir heute entgegensehen, sind vielfältiger [...]. Eine Reihe transnationaler Probleme, die einst weit entfernt schienen, wie Umweltdegradation, Erschöpfung natürlicher Ressourcen, rapides Bevölkerungswachstum und Flüchtlingsströme, stellen nun Bedrohungen unseres Wohlstands dar und haben Implikationen sowohl für die gegenwärtige wie auch die langfristige amerikanische Sicherheitspolitik." Im Mai 1996 schlug Verteidigungsminister Perry dazu das Konzept der „präventiven Verteidigung" vor. „Präventive Verteidigung kann analog zur präventiven Medizin gedacht werden. Präventive Medizin schafft die Bedingungen, die die Gesundheit unterstützen, Krankheiten unwahrscheinlicher und chirurgische Eingriffe unnötig machen. Präventive Verteidigung schafft die Bedingungen, die den Frieden unterstützen, Krieg unwahrscheinlicher und Abschreckung unnötig machen."

Marx behauptete einst in seiner „Deutschen Ideologie", dass „in der Entwicklung der Produktivkräfte [...] eine Stufe ein[tritt], auf welcher Produktionskräfte und Verkehrsmittel hervorgerufen werden, welche unter den bestehenden Verhältnissen nur Unheil anrichten, welche keine Produktivkräfte mehr sind, sondern Destruktivkräfte." Die USA haben für diese These den Beweis angetreten: Der „American way" der sozialen und ökologischen Vernichtung wird unter dem Zwang der Marktdiktatur und bei Verweigerung mit militärischem Nachdruck globalisiert. Angesichts der sozialen, politischen und ökologischen Untragbarkeit dieses Projektes wird der Krieg wieder zum Zentrum imperialer Weltpolitik.

⑥ DIE DIKTATUR DES DOLLARS

Globalisierung als politische Ökonomie des Amerikanismus

Henry Kissinger formulierte: „Globalisierung ist nur ein anderes Wort für US-Herrschaft." Und Emmanuel Todd, französischer Autor eines Bestsellers über den angeblich bevorstehenden Niedergang der USA als Weltmacht, beschrieb das heutige Funktionieren der Weltwirtschaft und das Verhältnis zwischen den USA und dem Rest der Welt mit den folgenden Worten: „Es ist die Umkehrung der bekannten Fabel von La Fontaine: Die Ameise fleht die Grille an, sie möge doch bitte Nahrung annehmen" (Weltmacht USA. Ein Nachruf, München 2003, S. 97).

Die Weltwirtschaft funktioniert nicht durch ein „neutrales" Spiel der Marktkräfte, denn ihre Spielregeln sind nicht für alle gleich. Die USA haben es verstanden, ihre Vormachtstellung auszunutzen, um sich besondere Vorteile zu sichern. Sie tun dies vor allem auf Kosten der Dritten Welt und Osteuropas, zu geringeren Teilen auch auf Kosten Japans und ihrer Verbündeten in Europa. Dazu sind die USA wegen des Status des Dollars als Weltreservewährung und der Stärke der Wall Street sowie über ihren bestimmenden Einfluss auf den Internationalen Währungsfonds in der Lage. Dies spiegelt sich in ihrer imperialen Ansicht wider, die Regeln des „freien Weltmarktes" hätten für alle zu gelten, nur nicht für die USA selbst.

US-Leistungsbilanzdefizit

Emanuel Todd bezeichnet die USA als Grille, die nicht für ihren eigenen Unterhalt sorgen könne. Das ist zweifellos eine Übertreibung, enthält aber einen wahren Kern: Die USA haben in den letzten 25 Jahren ein ständiges Defizit ihrer Leistungsbilanz aufgewiesen, Das bedeutet, dass mehr Waren und Dienstleistungen importiert als exportiert werden, und zwar in einem gigantischen Ausmaß. Schon bald nach dem Zweiten Weltkrieg wiesen die USA ein Handelsbilanzdefizit mit Japan und Westeuropa aus. In den

1990er Jahren wuchs dieses traditionelle Defizit nicht nur weiter an, sondern es ist mittlerweile auch recht schwierig geworden, überhaupt noch ein Land zu finden, dessen Handel mit den USA keine Überschüsse abwirft. Zum größten Negativposten für den amerikanischen Außenhandel ist inzwischen China avanciert, bedeutende Defizite gibt es aber auch mit dem restlichen südostasiatischen Raum (außer Taiwan und Hong Kong) sowie mit Erdöl produzierenden Staaten wie Saudi-Arabien und auch die Handelsbilanz mit Mexiko und Kanada ist negativ. Nachdem das Defizit der Leistungsbilanz 1987 schon knapp unter 150 Mrd. Dollar lag und dann kurzfristig zurückging, explodierte es in der zweiten Hälfte der 1990er Jahre und lag 2002 nach offiziellen Angaben bei minus 435 Mrd. Dollar. Dieser Wert entspricht fast 5% des Bruttoinlandsproduktes. Für 2003 wird ein neuer Rekordwert vorhergesagt (alle Daten siehe US-Department of Commerce, Bureau of Economic Analysis).

Ein lange anhaltendes Defizit der Leistungsbilanz in dieser Höhe könnte kein anderes Land der Welt ohne schwer wiegende wirtschaftliche Probleme bewältigen. Aber die USA scheinen ganz gut damit zu leben. Letztlich geschieht das freilich auf fremde Kosten, denn das Defizit der Leistungsbilanz muss durch die Einfuhr von Kapital ausgeglichen werden: Aus der ganzen Welt wird also täglich mehr als eine Milliarde Dollar in die USA transferiert, um dort zusätzlichen Privatkonsum und Investitionen zu ermöglichen. Die Wirtschaft der USA gleicht einem gigantischen Staubsauger, der aus der ganzen Welt Kapital und Waren inhaliert.

Die Möglichkeit großflächigen Kapitalimports wird schon länger genutzt, und das immer zum Schaden anderer: Der Vietnamkrieg etwa wurde zu großen Teilen durch die Ausweitung der Geldmenge und hohe staatliche Defizite finanziert. Die darauf notwendigerweise folgende Inflation wurde über das System fixer Wechselkurse von Bretton Woods in die gesamte Welt exportiert (nach dem Zweiten Weltkrieg bis zum Anfang der 1970er Jahre waren die meisten Währungen fix an den Dollar gebunden und dieser war durch Goldeinlagen gedeckt) – die Kosten dieses Krieges wurden also tatsächlich von der internationalen Staatengemeinschaft getragen. Anfang der 1980er Jahre gelang der Administration Reagan über das Aufblähen der Staatsschulden (mehr

Geld für Rüstung und niedrigere Steuern) der Export der eigenen Wirtschaftskrise in die Dritte Welt und nach Osteuropa: Die plötzliche Aufnahme von Hunderten Milliarden Dollar ließ weltweit die Zinsen steigen und war Auslöser der internationalen Verschuldungskrise. In den 1990er Jahren war es nicht mehr die Staatsschuld, die den Kapitalimport ermöglichte (diese wurde im Gegenteil weitgehend abgebaut, vor allem in der zweiten Hälfte der Dekade), sondern der Börsenboom an der Wall Street, der die Anleger anzog.

Im Unterschied zu anderen Kapitalimporteuren, etwa Argentinien oder Brasilien, ist diese Operation für die USA mit geringerem Risiko verbunden – denn der Dollar als internationale Leitwährung sorgt für den Ausfall des Wechselkursrisikos. Wenn der brasilianische Staat Geld braucht, muss er entweder gigantische Zinsen für Schuldscheine in brasilianischer Landeswährung bezahlen oder Dollarkredite aufnehmen – was im Fall der Abwertung der eigenen Währung zu einer Vermehrung dieser Schulden führt. Beständig droht die Zahlungsunfähigkeit und damit der Zusammenbruch der Währung und des Banksystems – wie 2001 in Argentinien. Auch die Schuldscheine der US-Regierung werden zu mehr als 50 Prozent von Ausländern gehalten. Das ist aber kein Grund zur unmittelbaren Besorgnis – das Wechselkursrisiko liegt allein beim Anleger; verliert der Dollar an Wert, verliert der Anleger einen Teil seines Geldes. Gleiches gilt für den Finanzbedarf amerikanischer Unternehmen.

Wirtschaftliche US-Dominanz

Es ist nicht so, als würde das aus der ganzen Welt importierte Kapital einfach unproduktiv verprasst werden. Es ermöglicht vielmehr Investitionen, trotz des sehr hohen Privatkonsums und einer vergleichsweise niedrigen Sparquote. Dadurch wurde der Wirtschaftsboom der 1990er Jahre ermöglicht, der erst im Jahr 2000 ein Ende fand, und auch heute ist die US-Wirtschaft dynamischer als die nahe der Deflation dahindümpelnden volkswirtschaftlichen Konkurrenten Deutschland, Frankreich und Japan. Nach Kaufkraftparitäten (also entsprechend der tatsächlichen Kaufkraft des Geldes) lag das Bruttoinlandsprodukt (BIP) pro Kopf noch im Jahr 1981 in der BRD und Frankreich nur wenig unter dem Niveau der USA. Heute hat sich der amerikanische Vorsprung deutlich vergrößert.

Auch wurde zum Teil in Zukunftsbereiche der Wirtschaft investiert: 2001 hatten die drei größten pharmazeutischen Konzerne (Merck, Johnson, Pfizer), die zwei größten Konzerne im Informatikbereich (IBM und Hewlett-Packard Compaq), die zwei größten Firmen im Flugzeugbau (Boeing und United Technologies) sowie der größte Medien- und Informationskonzern (AOL Time Warner) ihren Sitz in den USA (Le Monde, Bilan du Monde, Edition 2003).

Auch die Struktur des US-Handels deutet darauf hin, dass die USA in bestimmten strategischen Bereichen durchaus eine Spitzenposition innehaben: So werden zwar weit mehr Konsumgüter importiert als exportiert, die Handelsbilanz der technologieintensiveren Kapitalgüter (etwa Maschinen) war 2002 jedoch leicht positiv. Im Jahr 2000 hielten die USA einen Anteil von 21,7% der weltweiten Exporte von Produkten der Hochtechnologie, mehr als Europa (17,5%) oder Japan (13,3%). Und die Ausgaben für Forschung und Entwicklung lagen im Jahr 2001 bei 2,9% des BIP, während Deutschland nur 2,5% und die gesamte EU lediglich 1,9% erreichen konnte (Bilan du Monde). Die relativ dynamische Entwicklung ihrer Wirtschaft ist zu einem großen Teil fremdfinanziert, der Kapitalimport stärkt also letztlich die globale Hegemonie der USA, so wie im Gegenzug der Kapitalimport von der Aufrechterhaltung derselben abhängig ist.

Aufrechterhalten wird dieses System also durch die Stellung des Dollars als internationale Reservewährung, was die amerikanische Dominanz auf den Finanzmärkten zementiert: Mehr als die Hälfte der internationalen Börsenkapitalisierung konzentriert sich auf die Wall Street, 1997 wurden zwei Drittel aller Währungsbestände in Dollar gehalten, mehr als drei Viertel der internationalen Bankkredite in Dollar abgewickelt und 50 Prozent des Welthandels auf Dollarbasis getätigt.

Für die Stellung des Dollars als einzige Reservewährung nehmen die USA auch weltwirtschaftliche Instabilität in Kauf. Anfang der 1970er Jahre, nach dem Zusammenbruch der Goldbindung des Dollars und der Dollarbindung der meisten anderen Währungen, widersetzte sich Washington dem Aufbau eines neuen, stabilen internationalen Währungssystems. Es gab eine Reihe von Vorschlägen; alle hätten das Risiko von Kursschwankungen verringert, das gerade für kleinere Volkswirtschaften und Länder der Dritten Welt ein großes Problem darstellt. Die USA setzten letztlich die völlige Anarchie der Finanzmärkte durch. Um sich gegen die plötzlichen Kursschwankungen des instabil gewordenen internationalen Währungssystems abzusichern, müssen die Notenbanken seither große Devisenreserven halten – natürlich in Dollar.

Wir sehen eine internationale Handelsstruktur, die vielleicht mit der des alten Rom vergleichbar ist: Aus den Provinzen fließt Geld ins Zentrum des Reiches und mit diesem Geld werden dann wieder Waren aus diesen Provinzen beschafft. In Rom wurden Steuern kassiert und dafür wurde Weizen gekauft, heute wird Geld an der Wall Street angelegt und dafür werden Nike-Turnschuhe aus China importiert. Im Gegensatz zum alten Rom können die USA aber nicht einfach Tribut kassieren, sondern sind darauf angewiesen, dass internationale Anleger ihr Geld freiwillig an die Wall Street schaffen. Die Voraussetzung dafür bildet die völlige Liberalisierung der Finanzmärkte. Die Kapitalströme dürfen nicht behindert werden. Das ist ein wesentlicher Teil der Globalisierung, die seit etwas mehr als 20 Jahren unter Führung der USA vorangetrieben wird. In diesem Sinne kann man Henry Kissingers Gleichsetzung von Globalisierung und US-Herrschaft besser verstehen.

Während die europäischen und japanischen Konzerne von Globalisierung und wirtschaftlicher US-Hegemonie profitieren, hält dieses Funktionieren der Weltwirtschaft für die Bevölkerung der Peripherie in der Dritten Welt und in Osteuropa zusätzliche Risiken bereit. Seit über hundert Jahren gibt es nachhaltige und selbstständige Entwicklung nur in Ausnahmefällen (etwa in Südkorea), die armen Länder, ob sie nun Kolonien waren oder nicht, konnten im Allgemeinen nur in untergeordneter und abhängiger Position am Weltmarkt teilnehmen. Resultat: eine fremdgesteuerte und verzerrte Wirtschaftsstruktur, ständige Massenarmut und Unterbeschäftigung. Auch die Globalisierung kennt Phasen einer abhängigen Entwicklung, wenn etwa in Sonderproduktionszonen zu entsetzlichen Arbeitsbedingungen Textilien für den Weltmarkt produziert werden. Sie können aber von Phasen totaler Zerstörung abgelöst werden, in denen sich die Kaufkraft des Landes an die großen amerikanischen (und europäischen) Börsen verflüchtigt. Als Beispiele seien etwa die Finanzkrisen in Argentinien, Brasilien, Mexiko, Ekuador, der Türkei, die Asienkrise 1997 und die Russlandkrise 1998 genannt, die in den letzten zehn Jahren Hunderte Millionen in Armut gestürzt und die Entwicklungschancen der betroffenen Länder weiter verschlechtert haben.

Die „Spielregeln" der Globalisierung werden mit eiserner Faust durchgesetzt, zentrale Waffe ist der von den USA und, in geringerem Ausmaß, den anderen westlichen Industriestaaten kontrollierte Internationale Währungsfonds (IWF). Verordnet wird allen Ländern das gleiche Rezept der „Strukturanpassung": Zuerst wird die Marktöffnung gefordert, was oft zur Zerstörung der heimischen Industrie führt, die dem Weltmarkt nicht gewachsen ist. Gleichzeitig wird auf Geheiß des IWF eine antiinflationäre Geldpolitik betrieben, die das Land für internationale Anleger interessant machen soll. Die dafür notwendigen höheren Zinsen hemmen aber die eigenständigen Entwicklungsmöglichkeiten, weil Investitionen teuer werden. Schließlich wird eine völlige Liberalisierung der Finanzmärkte befohlen, also das Ende aller Kontrollen über den Kapitalverkehr. Letzteres macht die plötzliche Kapitalflucht möglich, die in Asien und Lateinamerika in den letzten Jahren zu großen Zerstörungen geführt hat.

Joseph Stiglitz ist ein unverdächtiger Zeuge. In den 1990er Jahren war er Wirtschaftsberater des US-Präsidenten William Clinton und Vorsitzender der Weltbank. Er beschreibt eindrücklich die Schäden, die die Politik des IWF in Asien und Russland angerichtet hat. Der IWF hat in der Asienkrise den betroffenen Ländern eine Politik aufgezwungen, die einzig die Interessen der internationalen Investoren im Auge hatte. Der IWF diktierte etwa extrem hohe Zinsraten für Anleihen und Kredite, um die Zahlungsunfähigkeit eines Landes zu verhindern, was zahlreiche Firmen in den Konkurs trieb, weil sie keine Kredite mehr aufnehmen konnten. Kapitalverkehrskontrollen bzw. das Verbot, Geld auszuführen, hätten ohne katastrophale Nebenwirkungen das gleiche Ziel erreichen können. Malaysien, das sich dem Diktat des IWF widersetzte und diese Kapitalverkehrskontrollen einführte, konnte dadurch die Auswirkungen der Krise mildern.

Nebenbei scheint der IWF ein Zusatzprogramm verfolgt zu haben, das mit der Bewältigung der Zahlungskrisen nur recht wenig zu tun hatte: In Südkorea wurde das Ende des Systems der mit dem Staat verbundenen Großkonzerne befohlen, in der Folge wurden zahlreiche Firmen, gerade in der Automobilbranche, von ausländischen Multis übernommen. Ebenso wurde die unbedingte Unabhängigkeit der Nationalbank dekretiert, eine Forderung, die man in den USA selbst nicht durchsetzen könnte (Joseph Stiglitz: Die Schatten der Globalisierung, Berlin 2002).

Freier Markt und eiserne Faust

Wir sehen am Beispiel der koreanischen Nationalbank: Die Spielregeln des Wirtschaftsliberalismus und des freien Welthandels gelten für alle, nur nicht für den Propheten selbst. Von der ganzen Welt wird Freihandel und Subventionsabbau gefordert. Aber US-amerikanische Stahlwerke werden durch Importbeschränkungen geschützt und ein großer Teil der verarbeitenden Industrie, besonders im technologieintensiven Bereich, hängt am Tropf der staatlichen Rüstungsaufträge. Im Fall der Importbeschränkungen für Stahl wird dabei eindeutig gegen die Regeln der WTO verstoßen, die Rüstungsaufträge hat man wohlweislich nicht in das WTO-Reglement aufgenommen. Die Europäische Union betreibt übrigens ein ähnlich zynisches Spiel: Während man nichts dagegen sagt, dass der IWF überall im Osten und Süden Länder zum Abbau von staatlichen Hilfen an die Bauern zwingt, wird die eigene Landwirtschaft hoch subventioniert.

Um die freie Weltwirtschaftsordnung zu garantieren, greifen die Administrationen in den USA und der EU selbstverständlich auch zu härteren Bandagen. Wer ausschert, militärisch hinreichend schwach und international isoliert ist, an dem kann ein Exempel statuiert werden – wie an Jugoslawien oder dem Irak. Ihm selbst zum Schaden, den anderen zur Mahnung. Thomas Friedman, konservativer amerikanischer Kolumnist der *New York Times*, drückte das am 28. März 1999 so aus: „Die unsichtbare Hand des Marktes wird nie ohne die versteckte Faust funktionieren – McDonalds kann nicht ohne McDonell Douglas, den Produzenten der F-15, gedeihen. Und die versteckte Faust, welche die Welt für Silicon Valleys Technologien schützt, heißt US Army, Air Force, Navy und Marine Corps."

Krieg ist aber auch in anderer Weise ein wichtiges Element der Weltwirtschaft. Es wurde schon erwähnt: Der Kapitalimport in die USA erfolgt nicht wie im alten Rom durch das Eintreiben von Tributen, sondern auf freiwilliger Basis. Die Anleger müssen von dauerhaft höheren Gewinnen überzeugt sein. Sind sie das einmal nicht mehr, dann würde das Defizit der Handels- und Leistungsbilanz nicht mehr finanzierbar, der Wert des Dollars fiele gegenüber anderen Währungen. Tatsächlich hat der Dollar in den letzten 30 Jahren wiederholt an Außenwert verloren. Die Folge sind Turbulenzen für die gesamte Weltwirtschaft. Die Abwertung des Dollars 1987 gegenüber dem Yen hat letztlich zur Stagnation der japanischen Wirtschaft seit dem Beginn der 1990er Jahre geführt. Kleinere Abwertungen sind kaum ein Problem für die amerikanische Wirtschaft, im Gegenteil – sie stärken die Konkurrenzfähigkeit auf dem Weltmarkt. Ein dauerhafter Vertrauensverlust der Anleger wäre jedoch fatal, er würde die Stellung des Dollars als einzige Reservewährung untergraben – zumal heute mit dem Euro eine theoretische Alternative zur Verfügung steht. Die USA würden ihr Wirtschaftswachstum nicht mehr von anderen finanziert bekommen. Das bedeutet: Die USA verwenden ihre politische und militärische Vormachtstellung, um auch ihre wirtschaftlichen Interessen abzusichern. Die USA müssen ihre Weltmachtstellung immer neu inszenieren, auch militärisch. Denn nichts schafft so viel Anlegervertrauen wie ein gewonnener Krieg.

(7) INTERVENTION IN RUSSLAND

Die Abwicklung der Sowjetunion

Eine der gängigsten Thesen zur Erklärung des Untergangs der UdSSR lautet, dass die USA sie totgerüstet hätten. Tatsächlich war die Sowjetunion den ökonomischen Belastungen, die sich aus der militärischen Herausforderung durch den Rüstungsweltmeister aller Zeiten und Klassen ergaben, zuletzt nicht mehr gewachsen. Dass der Rüstungsspirale eine tödliche Mechanik innewohnte, die die Existenz der UdSSR und nicht die der USA bedrohte, erkannte nicht erst Michail Gorbatschow. Reagans „Star Wars"-Programm, das den Vereinigten Staaten die zur Erstschlagskapazität befähigende eigene Unverwundbarkeit sichern sollte, schürte in Moskau panische Ängste.

Das objektive Dilemma, in dem sich die sowjetische Führung während der ganzen Zeit des Kalten Krieges befand, bestand darin, dass der US-Imperialismus überhaupt keinen Grund hatte, aus der Logik der beiderseitigen Overkill-Kapazitäten auszusteigen. Die Reagan-Administration ließ den Kreml über ihre Absichten nicht im Unklaren: Ein Ende des für die sowjetische Volkswirtschaft mörderischen Rüstungswettlaufes setzte die Abrüstung der UdSSR auf der ganzen Linie voraus – ihre militärische, ökonomische und ideologische Abrüstung. Selbstentwaffnung oder gewaltsame Entwaffnung. Das Grundmuster, auf dem heute die Beziehungen zwischen dem Machtkartell und den abhängigen Ländern beruhen, die auf einen autonomen Entwicklungsweg bestehen, war damals schon gegeben.

Doch selbst in den kühnsten Träumen hatte man im Weißen Haus nicht damit gerechnet, dass sich das „Reich des Bösen" als so gutmütig herausstellen sollte, dass von Wirtschaftssanktionen an den äußersten Rand der Existenzfähigkeit getriebene Länder wie Jugoslawien und der Irak mehr Widerstand gegen ihre Vereinnahmung leisten würden als die aus der Oktoberrevolution hervorgegangene Sowjetunion, jene Macht, die in einem Titanenkampf die faschistische Wehrmacht, die damals mächtigste Militärmaschinerie der Welt, zum Stehen gebracht hatte. Während Slobodan Milošević und Saddam Hussein ihre persönliche

Existenz aufs Spiel setzten, identifizierte sich der letzte General-
sekretär der KPdSU mit den Siegern über das von ihm repräsen-
tierte Gesellschaftssystem und bewarb sich für das Amt des Premiers einer von der imperialistischen Neuen Weltordnung legitimierten „Weltregierung".

Von der Reform zur Gegenreform

Die Verratsthese oder die These einer ausländischen Verschwörung greifen zu kurz. Hätte die CIA tatsächlichen ihren Mann in
Moskau an die Spitze der KPdSU gehievt, müsste das Urteil über
das spätsowjetische System noch vernichtender ausfallen. Es ist
vielmehr davon auszugehen, dass Gorbatschow zu Beginn seiner
Amtsperiode das System reformieren, nicht zerstören wollte.
Darauf waren auch seine anfänglichen radikalen Abrüstungsini-
tiativen gerichtet. Doch sein Vorhaben, den USA die eigene Ab-
rüstungslogik aufzuzwingen, musste scheitern. Damit hätten die
Amerikaner ihren wichtigsten Systemvorteil preisgegeben: die
materielle Fähigkeit, das andere System in den Rüstungssuizid
treiben zu können.

Gorbatschows Charmeoffensive, mit der er die Hoffnung ver-
band, kraft des eigenen Beispiels die globale Mentalität in Richtung eines Neuen Denkens verändern und damit die materielle
Unterlegenheit ideell kompensieren zu können, entbehrte zwar
nicht einer gewissen Logik, weil sie dem objektiven Menschheits-
bedürfnis nach Frieden Ausdruck verlieh, doch ergab sich genau
aus dieser Performance als das friedensfähigere System das Ein-
fallstor für den Untergang. Im Gorbatschowismus feierte das falsche Bewusstsein – im Hegel'schen Sinn der Verkehrung eines
gedanklichen Systems kraft seiner inneren Entwicklung in sein
Gegenteil – einen epochalen Triumph.

Am Anfang gingen die Perestroikisten in die ideologische Offensive und konterkarierten die imperialistische Kriegslogik.
Gleichzeitig erfuhr die sowjetische Friedenspolitik eine zunehmend klassenkampfpazifistische Deutung. Die Werteverschiebung
von der Idee der sozialen Emanzipation zum Allgemein-Menschlichen in zunehmender Konnotation mit explizit bürgerlichen
Werten führte zu dem sensationellen Ergebnis, dass das System,

das eben erst den Beweis seiner Friedfertigkeit geliefert hatte, sich im Zerrspiegel seiner selbst als „totalitär" und damit als Hauptverursacher allen Unfriedens in der Welt erkannte und selbst abschaffte. Die Tragödie endete als Farce. Was mit dem Austritt Russlands aus dem imperialistischen Krieg begann, endete mit dem Austritt der Sowjetunion aus dem Kampf der Systeme und mit ihrer Selbstauflösung.

Doch existiert das falsche Bewusstsein nicht aus sich selbst heraus, sondern als Reflexion gewisser Interessen. Diese ergaben sich aus dem Bedürfnis des bürokratisch-mafiosen Blocks, das staatssozialistische Korsett mittels eines Eigentumsputsches zu sprengen. Was als Sieg der Demokratie über den Kommunismus gefeiert wurde, war in Wahrheit ein Sieg genau jener Kräfte, die über Jahrzehnte die Herausbildung eines demokratisch-partizipatorischen Sozialismusmodells blockiert hatten und jene Karikatur des Sozialismus verkörperten, die dem antikommunistischen Gegner die Angriffspunkte lieferte.

Mit dem am 1. Juli 1988 verabschiedeten „Gesetz über die Genossenschaften" hatten die Aktivisten der Schattenwirtschaft eine legale Eigentumsbasis gefunden. Der latente Umsturz der Eigentumsverhältnisse kulminierte im August 1991 in einen theatralischen Machtwechsel, der im Verbot der KPdSU seinen rituellen Höhepunkt fand. Die Gesellschaft war überrumpelt worden. Der spontane Antibürokratismus der Massen, der sich von der Perestroika stimuliert gefühlt hatte, zerbrach an der spontanen Durchsetzungskraft verselbstständigter und von der Perestroika endgültig freigesetzter bürokratischer Interessen.

Mit der Liberalisierung der Preise war das staatssozialistische Reproduktionsmodell in seinem Kern außer Kraft gesetzt worden. Die größte und radikalste Umverteilung nach oben, die es je gegeben hatte, nahm ihren Lauf. Der Prozess der exzessiven Enteignung des Volkseigentums machte eine egalitäre Gesellschaft quasi über Nacht zum Exerzierfeld der sozialen Polarisierung. Doch war die Bereicherungsanarchie, so naturwüchsig sie nach den „verlorenen Jahrzehnten" der staatssozialistisch regulierten Ökonomie auch erschienen sein mag, ebenso wenig aus sich selbst heraus zu erklären wie die Plünderungen der Nationalmuseen durch den Bagdader Mob. In beiden Fällen kam die „Schocktherapie" zur Anwendung. In beiden – wenn auch sehr unterschiedlichen – Fällen bestand die Absicht in der Zerstörung der Grundfesten einer Zivilisation.

Verelendung nach Plan

Die Zerstörung des sowjetischen Zivilisationsmodells erfolgte zwar im blinden Wüten der Marktkräfte, doch das geschah durchaus nach Plan. Gemäß den Gesetzen der „Planökonomie" von IWF und Weltbank zur Eliminierung unabhängiger, vor allem aber geplanter Volkswirtschaften. Die Verelendung der Massen war dabei durchaus eingeplant. Michel Chossudovsky schreibt in seinem Buch „Global brutal. Der entfesselte Welthandel, die Armut, der Krieg": „Das 'Antiinflationsprogramm' von IWF und Weltbank stellte einen in sich geschlossenen Plan zur Verarmung großer Teile der Bevölkerung dar" (S. 270). 1992, im ersten Reformjahr, sanken die Reallöhne um mehr als 80 Prozent. Milliarden von lebenslang ersparten Rubeln wurden vernichtet. Chossudovsky zitiert aus einem Bericht der Weltbank, in dem der terroristische Anschlag auf die Existenzgrundlage der einfachen Menschen mit kalter Sachlichkeit geschildert wird: „Die Regierung entschied sich für einen möglichst großen 'Knall', um die Geldreserven der Privathaushalte gleich zu Beginn des Reformprogramms zu beseitigen" (ebenda, S. 263). Die relativ hohe Kaufkraft der Durchschnittsbürger sei ohnedies fiktiv, da durch kein entsprechendes Warenangebot gedeckt gewesen. In Wahrheit aber waren zu Sowjetzeiten die Grundbedürfnisse durch ein umfassendes System sozialer Sicherungen weitgehend gedeckt gewesen, während sich nun der Homo Sovieticus auf freier Wildbahn ausgesetzt sah.

Die Schocktherapie – Cheftherapeut war der Harvard-Ökonom Jeffrey Sachs – hatte nicht nur ihre ökonomische, sondern auch ihre ordnungspolitische Logik. Es ging um eine nachhaltige Zerstörung der auf dem Kollektivismus beruhenden sowjetischen Lebensform. Die Aggression der Marktkräfte bewirkte den beschleunigten Zerfall des sozialen Beziehungsgeflechtes. Die Entsozialisierung, das heißt Individualisierung des gesellschaftlichen Seins warf die Gesellschaft auf ihre primitivsten Formen zurück. Aus der größten Schwäche des Übergangsregimes, seine Unfähigkeit zur sozialen Integration, ergab sich auch seine größte Stärke: Sie liegt in der kollektiven Depression der Vereinsamten. Die Atomisierung der Gesellschaft beraubte die Reformverlierer der Fähigkeit zu kollektivem Widerstand. Rette sich, wer kann, lautete die Devise. Zudem erfasste die markwirtschaftliche Mentalität auch die Basisströmungen besser: Sie zwang sich ihnen auf. In den Fetzenmärkten, auf denen die Babuschkas ihre letzten Blusen zum Kauf anboten, fand dies seinen armseligsten Ausdruck.

Das IWF-Strukturanpassungsprogramm verpflichtete die russische Regierung, praktisch auf jegliche Strukturpolitik zu verzichten. Eine solche hätte nämlich bedeutet, die konkurrenzfähigen Strukturen, die sich vor allem im militärisch-industriellen Sektor befanden, gezielt zu fördern sowie diese Unternehmen auf den Weltmarkt zu schicken, was auch den Import von modernem marktwirtschaftlichem Know-how bewirkt und vielleicht verhindert hätte, dass sich die Marktwirtschaft in Russland als ständige Reproduktion der Schattenwirtschaft entwickelte. Doch die Institutionen der internationalen Finanzoligarchie hatten das genaue Gegenteil im Sinn. Ihre Interessen deckten sich weitgehend mit denen der räuberischen Handelsbourgeoisie.

Als Aktivisten der illegalen Bereicherung hatte diese parasitäre Schicht schon im spätsowjetischen System, dessen Beginn in die Breschnew-Ära zurückreicht, gelernt, wie sich staatliches Eigentum privatisieren, das heißt in die eigene Tasche umleiten lässt. In der Perestroika-Periode, in der nicht wie angekündigt „das lebendige Schöpfertum der Massen" (Lenin), sondern das der Diebe und Gauner zur vollen Entfaltung kam, erhielt die kriminelle Aneignung in Gestalt der Kooperativen eine legale Form. Helden des Genossenschaftswesens, die gleichzeitig in staatlichen Betrieben hohe Posten bekleideten, nutzten das duale Preissystem, das sich aus den Defiziten der staatlichen Warenproduktion und dem damit verbundenen Kaufkraftüberhang ergab, um Mangelprodukte zu staatlichen Preisen aufzukaufen und zu Marktwirtschaftspreisen weiterzuverkaufen.

Aus den deformierten Strukturen des Realsozialismus hervorgegangen, war der russische Kapitalismus von Beginn an deformiert. Doch nur ein deformierter Kapitalismus in Russland war zur „Strukturanpassung" befähigt, das heißt: zur Anpassung an die Struktur der neoliberalen Globalisierung. Denn das „neue

Russland", das sich immerhin zugute halten konnte, die Welt vom „sowjetischen Totalitarismus" befreit zu haben, sollte als Anerkennung für diese Leistung nicht in die Champions League der Ersten Welt auf-, sondern in die Unterliga der Dritten Welt absteigen. „Damit Russland nicht als eigenständige Macht auf dem Weltmarkt auftreten kann, zielen die aufgezwungenen Reformen vor allem darauf ab, die einheimische Hightech-Industrie zu schwächen, zu zerschlagen und ihre dann verbliebenen Kapazitäten im Verein mit westlichen Partnern für den Export umzurüsten. Es ist ein höchst einträgliches Geschäft. Lockheed und Boeing, Rockwell International und andere haben ein Auge auf die russische Luft- und Raumfahrtindustrie geworfen" (Global brutal, S. 269).

Zur Durchsetzung einer solchen fremdbestimmten Strategie bedurfte es einer Klasse im Inneren, die allein auf die Jagd nach dem schnellen Rubel dressiert war, und einer Regierung, die bereit war, durch die Einstellung von Subventionen die Verbindungen des Staates zu den Staatsbetrieben zu kappen. Durch die Voucher-Privatisierung, die jeden russischen Bürger zum Besitzer seines persönlichen Anteils am Volksvermögen machte, was dem Einzelindividuum als Rückgabe des „vom Staat usurpierten Eigentums" vermittelt wurde, in Wahrheit aber die endgültige Enteignung der Millionenmassen darstellte, wurde die Herausbildung einer russischen Finanzoligarchie befördert. Da die Aktien auf dem freien Kapitalmarkt um den Preis von Wodkaflaschen florierten, konnten staatliche Betriebe zu Spottpreisen erworben und an ausländische Interessenten – zumeist zum Zweck feindlicher Übernahmen – weiterverscherbelt werden.

Das letzte Gefecht der Sowjetmacht

Dass in einem solchen Wirtschaftsmodell die Mafia keinen Computerfehler im System, sondern das System selbst darstellt, liegt auf der Hand. Die Mafia war der mörderische Exekutor der Umverteilung. Aus ihr heraus bildete sich das oligarchische Regime des russischen Kapitalismus. Auch unter kapitalistischen Bedingungen blieb die russische Wirtschaft hochmonopolisiert.

Zwischen 1991 und 1993 tobte in Moskau ein heftiger Kampf um die Entwicklungsrichtung der Marktwirtschaft. Während die

Bevölkerung in völliger Apathie versank, machte sich in Teilen der Eliten große Unruhe breit. Man befürchtete, dass Russland die Schocktherapie in einer tödlichen Dosis verabreicht worden sei. Einander gegenüber standen die marktfundamentalistischen Radikalreformer und die Anhänger einer langsamen, den nationalen Bedingungen Rechnung tragenden und sozial verträglichen Entwicklung zur Marktwirtschaft.

Die Radikalen drängten mit geradezu „revolutionärem Enthusiasmus" auf die Beschleunigung der Kapitalisierung und Privatisierung und auf die Vernichtung der „Dinosaurier" des alten Systems, als welche sie die Staatsbetriebe und die staatlichen Lenkungsorgane sahen. Die Position der Zentristen beschreibt der russische Ökonom Alexander Penkin wie folgt: „Wiederherstellung der Lenkungsfähigkeit der Wirtschaft. Konkret bedeutet das: begrenzte staatliche Preisbildungskontrolle, aktive staatliche Strukturpolitik, Verlangsamung der Kommerzialisierung der Sozialsicherheitssphäre, Kampf gegen die Verelendung der Gesellschaft und Verzicht auf die beschleunigte Privatisierung."

Penkin ortet einen inneren Widerspruch in der zentristischen Position. Diese entspreche zwar weit eher den Grundbedürfnissen der Gesellschaft als der Reformterror der Radikalen, doch als eine marktwirtschaftliche Konzeption sei sie in sich unhaltbar. Denn die Einführung der Marktwirtschaft setze nun einmal die Phase der ursprünglichen Akkumulation voraus (Alexander Penkin: Exkurs zum Thema Wirtschaftsreform, in: Werner Pirker: Die Rache der Sowjets, Wien 1994, S. 109).

Dieser Widerspruch ist auch für die Grundhaltung prägend, die Michel Chossudovsky gegenüber dem russischen Kapitalisierungsprozess einnimmt. „Für den Westen", schreibt er, „war nun nicht mehr der Sozialismus, sondern der Kapitalismus [in Russland, d.A.] der eigentliche Gegner." Er meint damit einen auf den nationalen Interessen beruhenden, sich jenseits der realen Globalisierungsprozesse realisierenden Kapitalismus. Doch dürfte es sich dabei wohl um ein Abstraktum handeln. Es stimmt zwar, dass vor allem die USA Russland als eine kapitalistische Großmacht nicht auf ihrer Rechnung haben, sondern dies vielmehr mit allen Mitteln verhindern wollen. Gleichzeitig stimmt aber auch, dass sich der Kapitalismus in Russland nur in dieser rohen, kriegskapitalistischen, „shock and awe" verbreitenden Form durchsetzen konnte. Die Zerstörung des sowjetischen Systems, die Rücknahme seines hohen Vergesellschaftungsniveaus, die Revanche an der Oktoberrevolution konnte nur radikal sein oder nicht sein.

Die Auseinandersetzung, in der die Massen zu guter Letzt doch noch aktiv geworden waren, fand in der Schlacht um das Weiße Haus an der Moskwa am 4./5. Oktober 1993 ihr blutiges Finale. Der Oberste Sowjet der Russischen Föderation, der kein Sowjet im ursprünglich revolutionären und späteren bürokratisch-plebejischen Sinn mehr gewesen war, aber auch noch kein bürgerliches Parlament, da er die sozialen Konflikte in der Gesellschaft in ihrer ganzen Schärfe widerspiegelte und selbst zum Gravitationszentrum des Widerstandes gegen die wilde Privatisierung geworden war, wurde zerschlagen und die präsidiale Selbstherrschaft installiert.

Die Zerstörung der russischen Demokratie war nicht zuletzt ein Resultat ständiger Druckausübung durch die überseeische Reformzentrale. Ein Großteil der Debatten im Obersten Sowjet zentrierte sich um die Auflagen des IWF, die nicht das geringste Sensorium für die dramatische sozialökonomische Situation erkennen ließen. Monoton wurde immer wieder das Gleiche angemahnt: Die „konsequente Durchführung demokratischer und marktwirtschaftlicher Reformen", die sich allerdings nicht ohne Vergewaltigung der Demokratie umsetzen ließen. Denn ihr Inhalt bestand in der Minimierung staatlicher Sozialleistungen bei gleichzeitiger Privatisierung sozialer Dienste sowie der Zerstörung der industriellen Basis der Volkswirtschaft. Aus monetaristischer Logik erschien der produktive Sektor als „parasitär", weil defizitär, während das Wüten der parasitären, spekulativen Wirtschaftsakteure als hoch produktiv galt.

Dass es in Russland zu keiner offen terroristischen Diktatur kam, lag an der physischen Schwäche der Staatsmacht. Eine starke Staatsmacht setzt eine einigermaßen intakte Staatlichkeit voraus. Doch die wilde Privatisierung zersetzte die Staatlichkeit. Das oligarchische Regime, dem Boris Jelzin vorstand, hatte auch noch die Staatsmacht privatisiert.

IWF zückte die rote Karte

Nach Jelzins Staatsstreich agierte die Exekutive weitgehend unabhängig von den legislativen Organen. Die Staatsbürokratie wirtschaftete den Staat in die eigene Tasche. Auf diesen Umstand verwies dieser Tage Boris Beresowski, der Ideologe unter den Oligarchen, in einem Artikel in der Moskauer *Njesawissimaja Gazeta*. Er gab zu, dass die Umverteilung damals generell auf illegale Weise erfolgt sei. Wladimir Putin, streute er ein, damals Vizebürgermeister von St. Petersburg, habe während dieser Zeit „sicher nicht auf der Ofenbank geschlafen".

Regierungsbildungen erfolgten jenseits parlamentarischer Mehrheiten. Mit einer Ausnahme: Als im August 1998 die Pyramide der inneren russischen Verschuldung und mit ihr der Rubel zusammenbrach, wurde Jewgeni Primakow, der sich auf eine breite parlamentarische Koalition der Linken und Zentristen stützen konnte, zum Premier bestimmt. Wirtschaftsminister wurde Juri Masljukow, ein Mitglied der Kommunistischen Partei der Russischen Föderation. Diese Regierung erreichte binnen kurzem eine makroökonomische Stabilisierung.

Das war so gar nicht nach dem Geschmack des Währungsfonds. Dass eine russische Regierung die Souveränität aufbrachte, die ökonomische Situation in den Griff zu bekommen, durfte nicht sein. Das allein schon galt als Verstoß gegen die „Regeln der Marktwirtschaft". Nicht einmal die Tatsache, dass die Mitte-Links-Regierung einen die privaten Haushalte noch mehr belastenden Etat erstellte als die radikalliberalen Regierungen davor, diente zur Entlastung. Der IWF setzte die Auszahlung zugesicherter Kredite aus. Ein Funktionär des Fonds stellte klar, wer allein die Spielregeln zu bestimmen hatte: „Wenn Ihre Regierung mit unserer Entscheidung nicht einverstanden ist, werden wir sie ersetzen" (zit. aus einem Artikel von Boris Kagarlitzky: Lektion im Klassenkampf, in: Junge Welt, 11. 3. 1999).

Die Regierung in Moskau hatte die Spielregeln verletzt, indem sie den Forderungen der westlichen Financiers nicht mehr bedingungslos nachkam und sich mit der Bedienung der Außenschulden Zeit ließ. Sie ging von der Annahme aus, dass ein in den Konkurs getriebenes Russland auch das westliche Finanzsystem schwer erschüttern würde. Das wussten auch die Gläubiger, doch den Schuldner wollte man gar nicht erst auf solche Gedanken kommen lassen. Der russische Soziologe und Publizist Boris Kagarlitzky schrieb damals, dass Russlands Karten gar nicht so schlecht gewesen wären, hätte es den Eklat provoziert: „Russland kann das in die Wege leiten, wovon man in der Dritten Welt seit langem träumt: ein Kartell der Schuldner bilden und in einer Einheitsfront in Verhandlungen mit westlichen Finanzinstituten eintreten. Diese Idee schwebt schon seit etwa zehn Jahren in der Luft, bisher hat es dafür aber keinen Anführer gegeben. Die Stärken des IWF und der Weltbank lagen darin, dass sie mit allen einzeln gesprochen und mitunter Schuldner gegeneinander ausgespielt hatten. Die Gläubiger waren organisiert, die Schuldner isoliert. Die Situation könnte sich ändern, wenn Russland das so will" (ebenda).

Der große Eklat blieb aus. Im April 1999 entließ Jelzin die Regierung Primakow. Sie war an ihren Erfolgen gescheitert.

Inzwischen ist das Jelzin'sche Jahrzehnt zu Ende gegangen. Seit Wladimir Putin amtiert, hat sich die innenpolitische Situation stabilisiert – abgesehen von der weiter ungelösten tschetschenischen Frage. Dem Jelzin-Nachfolger gelang es, den direkten Einfluss der Oligarchen auf die Regierungspolitik zurückzudrängen. Er hat den Prozess der Privatisierung der Staatsmacht vorerst gestoppt. Doch die Oligarchen rüsten zur Revanche. Sie wollen den Kreml wieder in ihre Gewalt bekommen. Sie wollen die politische Macht direkt ausüben und dabei das amerikanische Ideal noch übertreffen.

8 KRIEG GEGEN JUGOSLAWIEN

Die Demontage der Selbstverwaltung

Die Zerstörung Jugoslawiens – als selbstbestimmtes Gesellschaftssystem – war schon vollzogen, noch bevor die Republiken Slo-
wenien und Kroatien im Sommer 1991 ihren Austritt erklärten.
Als innere Faktoren der Erosion des Systems der sozialistischen
Selbstverwaltung seien kurz die folgenden Gründe genannt:

* Die Schwäche der zentralen Staatlichkeit.
* Die Kompliziertheit des Selbstverwaltungsmechanismus, die
  zu unendlichen Abstimmungsproblemen führte: zwischen den
  Einheiten der „assoziierten Arbeit" untereinander und im Verhältnis zu den örtlichen Organen der Selbstverwaltung – po-
  tenziert durch den Instanzengang von den niedersten zu den
  höchsten Organen. Das erforderte einen ungeheuren bürokratischen Aufwand, was in krassem Gegensatz zu dem dekla-
  rierten Ziel eines partizipatorischen, nichtbürokratischen Sozialismus stand und die Basisschichten vom System entfrem-
  dete. Wurde das etatistische System sowjetischen Typs vom
  bürokratischen Zentralismus geprägt, so entwickelte die Selbstverwaltung multibürokratische Strukturen.
* Die Entwicklung einer relativ autonomen Managerschicht, die
  sich autoritär über den ineffizienten Demokratismus der Selbstverwaltung erhob und zunehmend privatunternehmerische Al-
  lüren entwickelte.
* Die zunehmende Dominanz der Marktkräfte, die die Selbst-
  verwaltungsbeziehungen unterliefen, wobei das Marktelement
  diesen Beziehungen stets inhärent war.
* Der Markt als Treffpunkt einer Vielzahl mehr gegeneinander
  wirkender als allgemein begründeter kollektiver Interessen.
* Der sich daraus ergebende Gruppen- und nationale Egoismus.
* Das Entwicklungsgefälle zwischen Nord und Süd.
* Die ungelösten nationalen Fragen. Kein Land hatte sich mehr
  um gerechte Lösungen nationaler Probleme bemüht als Jugoslawien. Doch lag gerade in der Überbetonung des Nationalen
  eine Ursache der Erosion des multinationalen Staates. Die nationale Frage war als nationale Frage nicht zu lösen. Die ei-

gentlichen Ursachen nationaler Animositäten lagen in den unterschiedlichen sozioökonomischen Entwicklungsniveaus der Regionen und Republiken. Die nationale Harmonisierung wäre nur über die ökonomische und soziale Harmonisierung zu erreichen gewesen. Da diese ausblieb, weil das Selbstverwaltungsprinzip die Sonderinteressen stimulierte statt zurückdrängte, reproduzierten sich die nationalen Probleme immer wieder aufs Neue.

Die Konterrevolution des IWF

Ende der 1980er Jahre war die SFR Jugoslawien zum Exerzierfeld der Zerstörung einer zum Kapitalismus alternativen Gesellschaftsordnung geworden. Das Land saß in der Schuldenfalle und unterwarf sich in seiner Not der vollen Befehlsgewalt von IWF und Weltbank. Das neoliberale Strukturanpassungsprogramm, erstmals in einem sozialistischen Staat umgesetzt, hinterließ eine Spur der sozialen und ökonomischen Verwüstung.

Jugoslawien war seit seinem Bruch mit dem sowjetischen Block das im Westen mit Abstand respektierteste sozialistische Land, weil es erstens blockfrei und zweitens wirtschaftsliberaler war als die staatssozialistischen Ökonomien. Und doch befand es sich spätestens seit Beginn der Reagan-Ära auf der Abschussliste der USA. In einer geheimen Direktive des Nationalen Sicherheitsrates von 1984, die 1990 in einer zensierten Fassung veröffentlicht wurde und sich mit der Übernahme der osteuropäischen Länder in das System der kapitalistischen Marktwirtschaft mittels der Stimulierung „stiller Revolutionen" befasst, findet sich auch ein Kapitel unter dem Titel „US-Politik gegenüber Jugoslawien" (siehe Chossudovsky: Global brutal, S. 283).

Doch bestand die Jugoslawien-Strategie der USA und ihrer Durchsetzungsorgane in Gestalt von IWF und Weltbank nicht unbedingt darin, eine flächendeckende Oppositionsbewegung zu fördern, sondern sie wollten eine Veränderung des Systems aus dem System selbst heraus forcieren. Das ergab sich aus der erdrückenden ökonomischen Abhängigkeit des Landes und aus der Bereitschaft der längst auf Marktwirtschaft pur eingeschworenen Selbstverwaltungsnomenklatura zu „tief greifenden ökonomischen

Reformen". In deren Ergebnis war die jugoslawische Ökonomie bzw. waren ihre Teilökonomien bereits neoliberalisiert, bevor der Kapitalismus in den Republiken offiziell Einzug hielt.

„Waren, Geld und Kapital müssen sich überall in Europa frei bewegen können [...] Gesetze, welche die Rolle des Marktes unterdrücken, bedürfen einer Deregulierung", gab der damalige jugoslawische Ministerpräsident Ante Marković die Richtung vor.

Die Arbeiterselbstverwaltung, den Managern ohnedies längst lästig geworden, wurde sukzessive abgeschafft. Es war George Bush senior, der dies angeordnet hatte. Bei einem Treffen mit Marković im Herbst 1989 stellte er als Bedingung für weitere finanzielle Hilfe, in Kollektiveigentum befindliche Betriebe zu beseitigen. Ein 1989 verabschiedetes Unternehmensgesetz schuf den rechtlichen Rahmen für die Privatisierung des Arbeitereigentums. Vorrang hatte indes die physische Zerstörung der selbstverwalteten Industrie. Ein Unternehmensfinanzierungsgesetz, ebenfalls 1989 verabschiedet, unterstellte die Betriebe einem straff monetaristischen Regime, das sie zur Aufgabe oder zur Nichtbezahlung der Löhne zwang. 614.000 von insgesamt 2,7 Millionen Industriearbeitern wurden in nicht einmal zwei Jahren arbeitslos. Die Realeinkommen sanken ins Bodenlose.

Zwar gab es Manifestationen gesamtjugoslawischen sozialen Widerstandes („Die Bürokratie will uns spalten – Arbeiter aller Republiken, vereinigt euch", hieß es auf einer Massendemonstration der Arbeitskollektive in Belgrad), doch der Prozess der Ethnisierung sozialer Konflikte war nicht mehr aufzuhalten.

Die Schocktherapie hatte den gewünschten Effekt erzielt. Die jugoslawische Gesellschaft war paralysiert. Sie begann sich aufzulösen bzw. in ihre nationalen Behausungen zurückzuziehen. Die Dezentralisierung, die Schwächung der wirtschaftlichen Integrationskraft des Gesamtstaates, die Stimulierung des ökonomischen Separatismus lagen in den Planvorgaben der Reformzentrale. Die staatliche Verselbstständigung Sloweniens und Kroatiens ergab sich als logische politische Konsequenz der wirtschaftlichen Desintegration. In der Aneignung des Gesellschaftseigentums durch die nationalen Eliten bestand das Wesen der politischen Ökonomie der Sezession.

Die von den USA in der Jugoslawien-Frage offiziell eingenommene Haltung, an einer Integration des Gesamtstaates in die globale Marktwirtschaft interessiert gewesen zu sein, steht in Widerspruch zu den auf Desintegration gezielten Strukturanpassungs-Vorlagen der US-zentrierten Organisationen des internationalen Finanzkapitals.

Die IWF-Programmvorgaben stießen in Serbien und Montenegro von Beginn an auf entschiedenen Widerstand. Das fand seinen Höhepunkt zur Jahreswende 1990/91 in der „zweckentfremdeten" Nutzung eines IWF-Kredites, die sich aus der Auszahlung ausstehender Gehälter an Staatsbedienstete ergab. Aus monetaristischer Sicht ein Kapitalverbrechen. Denn Währungsfonds- und Weltbankkredite sind nun einmal dazu da, Programme zur Verelendung der Massen zu finanzieren. Dieser „größte Bankraub in der Geschichte" – die serbischen Behörden hatten die Notenpresse angeworfen – ist Slobodan Milošević niemals verziehen worden.

Der Fluch des Amselfeldes

Auf dem Höhepunkt der Gesellschaftskrise in Jugoslawien warf Milošević die serbische Frage auf. Es war eine paradoxe Intervention. Zwar unterminierte die serbische Führung damit die Solidarität der Völker Jugoslawiens und beförderte die separatistischen Tendenzen. Und dennoch stellte die Milošević-Politik zwischen 1989 und 1991 den letzten Versuch dar, Jugoslawien zu retten. Die jugoslawische Föderation war nur mehr die Summe ihrer Republiken. Milošević mobilisierte das serbische Volk, das sich am stärksten mit der jugoslawischen Staatsidee identifizierte.

Die Serben fühlten sich durch die Verfassung von 1973 schwer benachteiligt. In dieser wurden die beiden autonomen Gebiete im Bestand der Republik Serbien, die Vojvodina und der Kosovo, zu Subjekten der Föderation erhoben, wodurch sie alle Privilegien einer Republik erhielten, ohne formell als solche anerkannt zu werden. Serbien beherbergte auf seinem eigenen Territorium zwei „feindliche" Gebilde, da diese im Regelfall immer mit dem antiserbischen Block stimmten. Die serbische Führung verwarf die von Tito geprägte inoffizielle Staatsdoktrin – je schwächer Serbien, desto stärker Jugoslawien –, die aus den Erfahrungen des Ersten Jugoslawien nicht ohne Berechtigung war, und drehte sie um:

Je stärker Serbien, desto stärker Jugoslawien. Was als serbischer Hegemonismus ausgelegt wurde, war in Wahrheit eine gegen den staatlichen Zerfall gerichtete Strategie. Milošević sah in der Wiederherstellung der Oberhoheit der Republik Serbien über ihre Autonomien die Voraussetzung für die Wiederherstellung der Autorität des Gesamtstaates über seine Republiken. Die Milošević-Strategie bildete das radikale Gegenprogramm zur Strategie der Separation. Dennoch wäre es wahrscheinlich besser gewesen, die Schlacht um Jugoslawien nicht auf dem Amselfeld auszutragen, da dieser Boden immer wieder den Fluch der Niederlage auf sich zieht.

Die Separatisten setzten sich durch und stürzten Jugoslawien in den Bürgerkrieg. Indem sie dem Recht ihrer Republiken auf Selbstbestimmung Geltung verschafften, unterdrückten sie das Recht der kroatischen und bosnischen Serben auf die Lostrennung ihrer Gebiete, um weiter in Jugoslawien zu verbleiben. Darin und nicht in der behaupteten „serbischen Aggression" bestand die Ursache des Bürgerkrieges.

Dennoch waren durchaus Chancen vorhanden, ein friedliches Ende des südslawischen Staates im Konsens seiner Völker und auch seiner Eliten herbeizuführen. Das wurde durch die einseitige Parteinahme des westlichen Hegemonialkartells mit Deutschland als Speerspitze zu Gunsten der sezessionistischen Aggression verhindert, die eine Ermutigung expansiver antiserbischer Ambitionen darstellte. Das von einer hysterisierten Öffentlichkeit aufgegriffene Gerede, dem Schlachten auf dem Balkan ein Ende bereiten zu müssen und das Feuer des Krieges endlich zu löschen, entsprach der verlogenen Rhetorik von Brandstiftern als Feuerwehrleuten. Der frühere deutsche Außenminister Klaus Kinkel benannte das Ziel der westlichen Hegemonialpolitik auf dem Balkan ohne rührseligen Begleittext: die Serben in die Knie zu zwingen.

Doch die EU-Europäer, allen voran die Deutschen, erwiesen sich als Zauberlehrlinge – unfähig, das von ihnen provozierte Chaos zu befrieden. Der Meister in Übersee ließ sie lange gewähren, bis er sich zum Eingreifen genötigt sah. 1994 zwangen die USA Kroaten und Muslime, die einander von allen Bürgerkriegsparteien am wenigsten riechen konnten, eine Föderation zu bilden. Politisch korrekt galt der Schutz der USA vor allem den Muslimen als einer „vom Genozid bedrohten Volksgruppe", während die besondere Fürsorge der Deutschen dem kroatischen Staat galt, der den Ustascha-Staat von Hitlers Gnaden weitgehend rehabilitiert und seine rassistische Ideologie übernommen hatte.

Negation der Demokratie

Mit dem Abkommen von Dayton gelang Washington endgültig der Durchbruch zur führenden Kolonialmacht auf dem Balkan. Ab nun galt die ganze Konzentration dem Staat, der Jugoslawien gegen die separatistische Aggression verteidigt und es im Kleinen bewahrt hatte: der Bundesrepublik Jugoslawien. Nachdem die albanische Frage lange Zeit als innere Angelegenheit Serbiens/Jugoslawiens betrachtet worden war, existierte nach Dayton zunehmender Handlungsbedarf zur „Verhinderung eines Völkermordes". Ein Nationalitätenkonflikt – von denen es auf der Welt mehr gibt als Nationalitäten – wurde zum Anlass einer völkerrechtswidrigen Einmischung, die im Bombenkrieg gegen Jugoslawien im Frühjahr 1999 ihren grausamen Höhepunkt fand.

Obwohl es keinen Staat auf der Welt gibt, der einer nationalen Minderheit solche Rechte einräumt, wie das Serbien getan hat. Obwohl die serbische Regierung im Januar 1999 einen Entwurf „für die Selbstverwaltung in Kosovo-Methohien" präsentiert hatte, den demokratischsten Autonomieplan, den Europa je gesehen hat und der den Albanern nur ein einziges Zugeständnis abverlangte: die Anerkennung des multiethnischen Charakters der Provinz. Obwohl Belgrad den Kosovo-Plan der Kontaktgruppe trotz innerer Vorbehalte akzeptierte und in Rambouillet unterschreiben wollte. Als der serbische Verhandlungsleiter Milan Milutinović das Gleiche auch von den Kosovo-Albanern verlangte, drohte US-Außenministerin Madeleine Albright mit dem sofortigen Bombardement Belgrads, sollte Milutinović weiterhin versuchen, die albanische Delegation „unter Druck zu setzen".

Der Nato-Krieg gegen Jugoslawien unterstand voll amerikanischem Kommando. Es war ein schmutziger, feiger Krieg, der ausschließlich die Zivilbevölkerung terrorisierte und die materiellen Existenzgrundlagen des Landes zur Gänze zerstört hätte, wäre Slobodan Milošević im Juni nicht bereit gewesen, einen schlechten Frieden zu akzeptieren.

Der von der serbischen Bevölkerung in der Mehrheit als Niederlage empfundene Kriegsausgang – wieder wurde eine Amselfeld-Schlacht verloren – hatte wesentlichen Einfluss auf das Ergebnis der Präsidentschaftswahlen im September 2000. Slobodan Milošević wurde abgewählt. Amerikanische Kriegsschiffe in der Adria hatten ebenso ihren Einfluss auf den Wahlausgang. Denn deren Botschaft lautete: Weg mit Milošević oder Krieg. Im November wurde in den USA der Präsident gewählt. Doch nicht die Stimmbürger entschieden über die Nominierung des Präsidenten, sondern das Verfassungsgericht der USA, nachdem ein objektives Wahlergebnis nicht ermittelt werden konnte oder sollte. Was das US-System den Jugoslawen versagte – das Recht auf freie Wahl –, versagte es auch den eigenen Bürgern.

⑨ PAX AMERICANA IM NAHEN OSTEN

Mit Gewalt gegen die arabische Emanzipation

Im Nahen Osten schneiden sich die Konfliktlinien der amerikanischen Weltordnung. Als die Sowjetunion und die kommunistische Bewegung als Gegner ausgedient hatten, avancierten die Araber und der Islamismus zum Feindbild Nr. 1. Die Vereinigten Staaten sehen ihre globale Vorherrschaft heute in erster Linie von den antiamerikanischen Kräften in dieser geostrategisch entscheidenden Region bedroht. Die Tatsache, dass sich die Konflikte auch nach dem Ende der Sowjetunion fortsetzten, geht wesentlich auf den andauernden israelischen Siedlerkolonialismus zurück, auf den sich die USA stützen. Israel hat nicht nur die Palästinenser aus ihrem eigenen Land vertrieben und verweigert ihnen das Selbstbestimmungsrecht, sondern bedroht mit seinem aggressiven Militarismus jeglichen arabischen Versuch politischer und ökonomischer Selbstständigkeit sowie nationaler Vereinigung. Der von den USA ausgerufene permanente Krieg dient dazu, den sich formierenden Widerstand im Keim zu ersticken. Am Irak wurde ein Exempel für die ganze arabisch-islamische Welt statuiert – doch neue Konflikte und Kriege zeichnen sich ab.

Im Folgenden werden die Intervention der Vereinigten Staaten in der Region und ihre globalen Auswirkungen am Beispiel der US-Politik gegenüber dem Irak dargestellt. Dabei soll der enge Zusammenhang mit der Palästina-Frage nicht aus dem Blick geraten.

Das Ende des Traums von einer friedlichen Welt von Amerikas Gnaden

Die europäischen Medien berichteten über den angloamerikanischen Krieg gegen den Irak in einer bisher nicht gekannten US-kritischen Weise. Das ist aber keineswegs Verdienst der „Medienfreiheit". Vielmehr wurzelt dieser kritische Geist in der Ablehnung des unilateralen Waffenganges durch die öffentliche Meinung einerseits sowie durch die französische und deutsche Diplomatie andererseits.

Viele der europäischen Intellektuellen schenkten nach dem Zusammenbruch der kommunistischen Bewegung den Clintonschen Versprechungen einer friedlichen, demokratischen und prosperierenden Welt Glauben und setzten ihre Hoffnungen in die Globalisierung, die auch jene der „Werte des freien Westens" einschloss. Damit erklärt sich die fast widerstandslose Unterstützung für die Kriege gegen den Irak 1991 und gegen Jugoslawien 1999. Die „Schurken", die die „schöne neue Welt" gefährdeten, mussten in „humanitären Kriegen" – verstanden als globale Polizeieinsätze – zur Raison gebracht werden. Der öffentlichen Meinung in Europa erschien hingegen der Angriff auf den Irak 2003 nicht als Verteidigung von Clintons Verheißungen, sondern als deren radikale Negation. Der Bushismus wurde als Zerstörer des clintonianischen amerikanischen Traums wahrgenommen. So blieb nur mehr die vergebliche Hoffnung auf die französisch-deutsche Achse, die mit diplomatischen Mitteln einen weiteren Statusverlust innerhalb der Weltordnung, den ein amerikanischer Sieg am Golf unweigerlich mit sich bringen musste, zu vermeiden suchte.

USA zeigen sich offen imperial

Selten haben sich die USA so wenig Mühe gegeben, ihre wahren Interessen zu verschleiern. Fast drängt sich der Eindruck auf, dass die Imperatoren es leid sind, auf den offenen Widerspruch zwischen den von ihnen proklamierten Werten und ihren Handlungen hingewiesen zu werden. Der Anspruch auf imperiale Macht rechtfertigt sich mit dem Faktum der globalen militärischen Macht. Hier sollen nur einige Verletzungen von „Werten" in Erinnerung gerufen werden: etwa die Völkerrechtswidrigkeit des Krieges gegen den Irak, die ins Auge stechenden wirtschaftlichen Interessen und die absichtliche Zerstörung der öffentlichen Ordnung.

Dass es sich um einen völkerrechtswidrigen Angriffskrieg handelte, wird von niemanden außer der Administration in Washington und ihren engsten Verbündeten bestritten. Entsprechend dem Völkerrecht wäre nur die UNO berechtigt gewesen, einen Angriff zu legitimieren, doch diese verweigerte sich. Geradezu lächerlich wirkten die vorgeschobenen Begründungen. Die „rauchenden Colts", wie der ehemalige Chef der UN-Waffeninspekteure, Hans Blix, die „Massenvernichtungswaffen" nannte, wollen nicht auftauchen. Vielmehr kommen die verzweifelten Versuche der Kriegstreiber, Beweise zu fälschen, ans Tageslicht. Die „Verbindung zu Al-Quaida" war von Anfang an frei erfunden, denn der Baathismus befand sich immer im Gegensatz zum islamischen Fundamentalismus, was von den USA nicht behauptet werden kann.

Dem Falken Paul Wolfowitz beliebt es, frei von der Leber zu sprechen. „Aus Gründen, die sehr viel von der US-Regierungsbürokratie herrühren, haben wir uns auf einen Grund geeinigt, dem jeder zustimmen konnte: Massenvernichtungswaffen. Der wichtigste Unterschied zwischen Nordkorea und dem Irak ist ein ökonomischer, wir hatten im Irak keine Wahl. Das Land schwimmt auf einem Ölsee." Daher sicherten die US-Soldaten einzig und allein das Ölministerium und die Anlagen zur Erdölförderung. Amerikanischen Firmen aus dem Dunstkreis der Neokonservativen wie Halliburton und Bechtel beschert das „Büro für Wiederaufbau und humanitäre Unterstützung" lukrative Großaufträge, während das US-Finanzministerium bereits mit dem IWF einen Plan zur Eingliederung des Zweistromlandes in die Weltwirtschaft entlang ihrer neoliberalen Vorgaben entworfen hat (Wall Street Journal, 1. 5. 2003).

Den hemmungslosen Plünderungen im Anschluss an den Waffengang geboten die US-Besatzungstruppen keinerlei Einhalt, obwohl sie als Okkupationsmacht völkerrechtlich dazu verpflichtet gewesen wären. Im Gegenteil – mit Hilfe des entfesselten Mobs sollte der alte Staatsapparat geschliffen werden. Dass dabei auch das Nationalmuseum mit Kunstschätzen aus der Wiege der menschlichen Zivilisation ausgeräumt wurde, stieß in den USA wohl nicht nur auf Entsetzen. Seit Jahren fordert beispielsweise das „American Council for Cultural Policy", das sich selbst als Sammelbecken „prominenter Sammler und Kuratoren" versteht, eine Lockerung der strengen Ausfuhrbestimmungen für die Kunstschätze des Irak. Laut einem Bericht des deutschen *Spiegel* vom 24. 4. 2003 soll der Leiter der Vereinigung, Ashton Hawkins, bereits am 24. Januar im US-State Department vorstellig geworden sein, um die Interessen seiner Klientel nach dem Angriff zu wahren. Sein einfaches wie durchsichtiges Argument: In amerikanischen Museen und privaten Kollektionen seien die Artefakte besser geschützt.

Saddam als „our bastard"

Dass die Vereinigten Staaten zu ihren eigenen „Werten" und zu Regimes, die diese verletzen, ein sehr pragmatisches Verhältnis haben, hat Tradition. „Er ist ein Bastard, gut, aber er ist unser Bastard", sagte 1988 ein Sprecher des US-State Department nach den Giftgas-Angriffen Saddam Husseins auf kurdische Dörfer im Nordirak. Diese Ambiguität durchzieht die historischen Beziehungen der USA mit dem baathistischen Irak.

Im Gegensatz zur syrischen Baath-Partei hat ihr irakischer Ableger antikommunistische Wurzeln. Der erste Putsch der Partei der arabischen „Wiedergeburt" im Jahr 1963 gegen General Abd al Karim Qassem, der 1958 die pro-britische Monarchie gestürzt und das Land in die Unabhängigkeit geführt hatte, wurde vom Westen noch begrüßt. Um jedoch nicht abermals um die Früchte ihrer Konspiration gebracht zu werden, sicherte sich die Baath-Partei die im zweiten Staatsstreich 1968 errungene Macht, indem sie in der ersten Hälfte der 1970er Jahre mit der sehr einflussreichen Irakischen Kommunistischen Partei eine „Nationale Front" bildete. Auf diese Zeit gehen die Hinwendung zur UdSSR und der rapide soziale Aufstieg der breiten Masse der irakischen Bevölkerung zurück. Die dem sozialen Fortschritt zugrunde liegende Verstaatlichung der Erdölbewirtschaftung blieb bis zuletzt ein grundlegender Konfliktpunkt mit den ehemaligen britischen Kolonialherren und ihren amerikanischen Nachfolgern.

Saddams Baath-Partei stützte sich auf eine staatlich organisierte Bourgeoisie, die vom öffentlichen Petroleummonopol nur profitieren konnte. Doch dies führte die etatistische herrschende Klasse keineswegs dazu, eine sozialistische Umwälzung der Eigentumsverhältnisse zu befürworten. Noch weniger wünschte sie die einseitige Abhängigkeit von der Sowjetunion. So kam es 1975 in Algier zum Ausgleich mit dem pro-amerikanischen Schah-Regime des benachbarten Persien. In der Folge wurden die Kommunisten aus dem Staatsapparat gedrängt. Ihre Verfolgung intensivierte sich schrittweise, um ab 1979 in eine richtiggehende Hetzjagd überzugehen, die in Washington Freude auslöste.

Im selben Jahr 1979 erschütterte die iranische Revolution die amerikanische Architektur des Nahen Osten. Washington gab Saddam das Plazet für einen Krieg, den er nicht gewinnen konnte und sollte. Es ging vielmehr darum, zwei wichtige, potenziell von den USA unabhängige Mächte sich gegenseitig ausbluten zu lassen. Die bis vor kurzem gültige Doktrin der „doppelten Eindämmung" ward geboren. Washington unterstützte je nach Kriegsglück beide Seiten mit Waffenlieferungen und erlaubte anderen Ländern dasselbe. So standen die Golfstaaten und vor allem Kuwait auf der Seite des Irak, während Israel und Syrien den Iran unterstützten. Man half dem Baath-Regime oft über europäische Firmen chemische Kampfstoffe zu entwickeln. „Der Giftgas-Angriff [auf das kurdische Halabscha, d.A.] war damals für die USA kein schreckliches Verbrechen", meinte Edward Peck, von 1977 bis 1980 US-Botschafter im Irak. „Saddam stand ja auf unserer Seite." Diese entlarvenden Tatsachen wurden der vergangenen Kampagne gegen den Irak zum Legitimationsproblem. Als Bagdad seinem Waffen-Bericht an die UNO vom 8. 12. 2002 eine Liste all jener Firmen anschloss, die seinem ABC-Waffenprogramm zugeliefert hatten, reagierten die USA in Wildwestmanier – denn es handelte sich weitgehend um Unternehmen aus Nato-Staaten. Noch bevor der Bericht an die Mitglieder des Sicherheitsrates verteilt werden konnte, nahmen ihn die USA „an sich und erklärten sich bereit", für die vier anderen ständigen Mitglieder Kopien anzufertigen. Unter diesen fünf wurde dann beschlossen, den anderen zwanzig zeitweiligen Mitgliedern Versionen zukommen zu lassen, die jene Listen nicht mehr enthielten.

Die weniger bekannte simultane Verbindung der USA zum Iran wurde durch die Iran-Contra-Affäre ruchbar. Im Gegenzug zur Freilassung amerikanischer Geiseln im Libanon erhielt Teheran über Israel Mitte der 1980er Jahre amerikanische Waffen. Ein Teil der Erlöse wurde vom amerikanischen Vermittler Oberstleutnant Oliver North den nikaraguanischen Contra-Banden zugelenkt. Als jedoch in der letzten Phase des Krieges der Iran als Sieger hervorzugehen drohte, griffen die USA wiederum auf Seiten des Irak ein und schossen zur sichtbaren Warnung am 3. Juli 1988 über dem Golf eine iranische Passagiermaschine ab. Alle 290 Insassen kamen dabei ums Leben. George Bush senior, der sich zu diesem Zeitpunkt im Präsidentschaftswahlkampf befand, kommentierte den Vorfall: „Ich werde mich niemals für die Vereinigten Staaten entschuldigen. Die Fakten sind mir egal" (zit. nach William Blum: Rogue State, Monroe 2000, S. 32).

Trotz Millionen Toter und Verwundeter sowie schwerer Zerstörungen hatte der Golfkrieg der beiden Nachbarn den Irak zu einer kräftigen, kriegserfahrenen Militärmacht erhoben, die eine potenzielle Bedrohung für die Pax Americana im Nahen Osten darstellte. Als Saddam Hussein 1990 Kuwait besetzte, kam dies den USA als Kriegsgrund gerade gelegen. Es gibt Hinweise, dass der Irak in die Falle gelockt wurde. Am 25. Juli 1990 versicherte die US-Botschafterin in Bagdad, April Glaspie, die USA hätten „keine Meinung zu arabisch-arabischen Konflikten wie den Grenzstreitigkeiten mit Kuwait". Nach der Einnahme Kuwaits sandte der Irak klare Signale zum Einlenken. So wurde beispielsweise vorgeschlagen, die Annexion Kuwaits bis auf einen kleinen Grenzstreifen, von dem aus eines der wichtigsten irakischen Ölfelder schräg angebohrt worden war, rückgängig zu machen.

Doch die USA bedurften dieses Krieges nicht nur als Botschaft an die arabische, sondern an die ganze Welt: Einzig sie wären es, die nach dem Ende der UdSSR das Kommando innehätten. Die von Bush senior verkündete „Neue Weltordnung des Friedens, der Demokratie und der Prosperität" bezog ihre Glaubwürdigkeit aus dem Donner des Krieges gegen den Irak. Noch ging es jedoch nicht um „regime change". Ein schwacher Saddam schien die günstigste Lösung. Daher auch der „Verrat" der USA am schiitischen Aufstand im Süden des Irak im Jahr 1991, dessen Erfolg aus der Sicht Washingtons nur den Iran gestärkt hätte.

Saddam mutiert zum neuen Hitler

Die gegen den Irak verhängten UN-Sanktionen sind in der Geschichte ohne Beispiel. Die Weltöffentlichkeit konnte die systematische und völkerrechtswidrige Aushungerung eines Volkes in einer verzerrten Berichterstattung mitverfolgen, die sich um die Dämonisierung Saddam Husseins zum absolut Bösen, zum Hitler von Bagdad, bemühte, während die humanitäre Katastrophe unvorstellbaren Ausmaßes und die fortwährende militärische Aggression gegen den Irak ausgeblendet blieben. Über die zwölf langen Jahre wurden die Stimmen des Protests gegen die von der UNO legitimierte US-Politik dennoch immer lauter. Zwei UN-Koordinatoren für die „humanitäre Hilfe", der Ire Dennis Halliday und der Deutsche Hans von Sponeck, traten aus Entsetzen über die Auswirkungen ihres eigenen Programms von ihren Positionen zurück. Die US-Intellektuellen Noam Chomsky und Edward Said verurteilten das Embargo als „sanktionierten Massenmord". UNICEF und WHO beziffern die Opfer mit mehr als einer Million, rund die Hälfte davon Kinder. Ein vom Unterausschuss der UN-Menschenrechtskommission bestelltes Gutachten des belgischen Juristen Marc Bossuyt vom August 2000 kam zu dem Schluss, dass „das Sanktionenregime gegen den Irak unter dem geltenden internationalen Menschenrecht und den humanitären Gesetzen eindeutig illegal ist. Einige würden so weit gehen, den Vorwurf des Völkermordes zu erheben". Die Außenministerin Bill Clintons, Madeleine Albright, widersprach den Fakten nicht. Gefragt, ob der Tod „einer halben Million Kinder, mehr als in Hiroshima", ein zahlenswerter Preis sei, antwortete sie: „Ich denke, es ist eine sehr harte Entscheidung, aber den Preis ist es unserer Ansicht nach wert."

Die Sanktionen hatten ursprünglich internationalen Konsens erzielt, weil sie zur Erzwingung des irakischen Rückzugs aus Kuwait verhängt worden waren. Als der Irak das Scheichtum verließ, blieben die Strafmaßnahmen durch das „verkehrte Veto" dennoch aufrecht. Dieses bestand darin, dass sich der UN-Sicherheitsrat das Recht nahm, die „Erfüllung der Forderungen" festzustellen – eine Entscheidung, die von den USA und Großbritannien beständig blockiert wurde. Die angloamerikanische Koalition zog die Schlinge immer enger. Unilateral wurden im Norden und Süden des Landes Flugverbotszonen verhängt und ab 1998 fast täglich Bombenangriffe durchgeführt. Immer neue Bedingungen nach völliger Abrüstung wurden gestellt und schließlich, nachdem sie weitgehend erfüllt waren, die De-facto-Selbstentmachtung des Regimes gefordert. In die Rüstungskontrollkommission schleusten die USA – wie selbst UN-Generalsekretär Kofi Annan zugab – Agenten ein, die die Zielmarkierungen für die Bombardements im Dezember 1998 vornahmen. Ziel der Sanktionen war also nicht ihre Erfüllung, sondern ihre Unerfüllbarkeit zum Zweck der nachhaltigen Niederhaltung des Irak.

Um jedoch erklären zu können, warum Washington sich schließlich zum Sturz Saddams Husseins mittels eines neuerlichen Krieges entschied, müssen die Veränderungen der Verhältnisse im Nahen Osten im Lauf der 1990er Jahre ins Blickfeld gerückt werden.

Das Scheitern des palästinensisch-israelischen Friedensprozesses

Der Zusammenbruch der Nahost-Friedensgespräche und der neuerliche Ausbruch des palästinensischen Volksaufstandes können sowohl als Indikator und als auch als Katalysator der sich verschärfenden Spannungen verstanden werden. Unmittelbaren Anlass für die zweite Intifada, die im September 2000 ausbrach, bot der provokative Auftritt des späteren Premiers Ariel Scharon auf dem Harem al Sharif/Tempelberg in Jerusalem. Doch die Ursachen des Zusammenstoßes liegen viel tiefer. Clinton hatte mit seinen scheinbar versöhnlichen Versprechungen noch versucht, die besiegten Befreiungsbewegungen zu integrieren. Er bot zwar keine Lösung der Probleme, aber er überdeckte sie gekonnt mit der großzügigen Rhetorik des Siegers. Während in den besetzten palästinensischen Gebieten im Eiltempo israelische Siedlungen errichtet wurden, drängte Israel die Palästinenser in „autonomen" Bantustans zusammen. Die für den versprochenen souveränen palästinensischen Staat entscheidenden Fragen nach dem Recht der Flüchtlinge auf Rückkehr, dem vollständigen Rückzug der Besatzungstruppen, der Festlegung der Außengrenzen entsprechend der UN-Resolution 242 und der Rückgabe von Ostjerusalem wurden immer wieder auf „Endstatusverhandlungen" verschoben. Als die Palästinenser angesichts ihrer sich ständig verschlechternden Lage ungeduldig wurden, offerierten ihnen Ehud Barak und Bill Clinton im Sommer 2000 in Camp David nichts als den in den 1990er Jahren geschaffenen Status quo: Großjerusalem, das im Norden bis Ramallah, im Osten bis Jericho und im Süden bis Bethlehem reichen sollte, hätte unter israelischer Souveränität zu verbleiben. Zu den heiligen Stätten wurde ein Tunnel von der vorgeschlagenen palästinensischen Hauptstadt Abu Dis aus angeboten. Das Westjordanland sollte in mehrere durch Korridore getrennte Kantone zerteilt und zu rund 60% annektiert werden. Das Jordantal und somit die Außengrenzen hätten unter israelischer Kontrolle zu bleiben. Und die Verantwortung für die Flüchtlinge wurde israelischerseits kategorisch zurückgewiesen.

Yassir Arafat wollte und konnte die von ihm verlangte historische Kapitulation nicht akzeptieren, denn er wusste, dass sein Volk einen solchen israelisch-amerikanischen Siegfrieden nicht hinnehmen würde. Akram Haniyyé, der Mitglied der palästinensischen Delegation war, berichtete in der Zeitung *Al Ayyam*, deren Chefredakteur er ist, dass Arafat Clinton folgende Worte entgegenschleuderte: „Der palästinensische Staat existiert seit dem britischen Mandat und wenn er heute quasi in seiner Gesamtheit besetzt ist, bleibt seine Legitimität durch die Resolutionen der UNO anerkannt. Ich werde Jerusalem nicht gegen einen Staat tauschen." Der Friedensprozess, der auf die trügerische Annahme baute, Israel würde die Formel „Land gegen Frieden" akzeptieren, war also gescheitert. Die amerikanischen Medien schoben Arafat die alleinige Schuld zu. Er habe das großzügige Angebot Baraks nicht angenommen. Vielmehr war es jedoch Amerikas bedingungslose Unterstützung für Israel, an der die Hoffnungen auf einen Frieden zerschellen mussten.

So liegen die Widersprüche der amerikanischen Weltordnung in Palästina wieder blank. Zwei unversöhnliche Lager stehen einander gegenüber. Auf der einen Seite befindet sich der Zionismus als Vorposten Amerikas in der Region. Die systematische Negierung des palästinensischen Rechts auf Selbstbestimmung macht manifest, dass die US-Vorherrschaft in letzter Instanz auf Gewalt aufgebaut ist. Auf der anderen Seite steht die Intifada nicht nur als Fortsetzung des Volksaufstandes gegen den israelischen Kolonialismus, sondern auch als Symbol der Unzerstörbarkeit des Widerstands gegen den amerikanischen Imperialismus und seine lokale Stütze, den Zionismus. Der Traum Fukuyamas vom Ende der Geschichte, vom alles überspannenden globalen konfliktfreien Kapitalismus unter Führung Amerikas als der besten und einzig möglichen aller Welten, ist wie eine Seifenblase zerplatzt.

Richard Perle, ein prominentes Mitglied der in der Bush-Administration einflussreichen Neokonservativen, hatte schon 1996 in einem Papier mit dem Titel „Eine neue Strategie, die Herrschaft zu sichern" gemeinsam mit sieben Gleichgesinnten die Grundlinien der heutigen Politik Bushs und Scharons skizziert. Sich mit der missionarischen Apodiktik legitimierend, dass „Zugeständnisse nicht in unserer Macht stehen", sollte Yassir Arafat beiseite geschoben und sollten „Alternativen zu seiner exklusiven Kontrolle über die palästinensische Gesellschaft genährt werden". Es bedürfe eines „sauberen Bruchs mit dem Motto des 'umfassenden Friedens'". Statt „Land für Frieden" müsse die Leitlinie „Frieden durch Stärke" werden. Der zionistische Anspruch auf das ganze Land könne und dürfe nicht aufgegeben werden. Zu diesem Zweck müssten die Feinde Israels, vor allem Syrien und der Irak, auch mit militärischen Mitteln in die Knie gezwungen werden. Besonders bemerkenswert, dass der spätere Pentagon-Berater sich in der Wir-Form auf Israel bezog.

Auch die amerikanisch-israelische Forderung nach einer Reform der Palästinensischen Nationalbehörde (PNA) enthielt das Perle-Papier schon. „Von einem Regime, das seine rudimentärsten Verpflichtungen [Menschenrechte, Rechtsstaatlichkeit, d.A.] gegenüber seinem eigenen Volk nicht erfüllen kann, ist nicht zu erwarten, dass es diesen gegenüber seinen Nachbarn nachkommt." Die Forderung nach Reform der PNA, nach politischen Freiheiten, nach Menschenrechten, nach Demokratie und gegen die Korruption war Mitte der 1990er Jahre massiv von der palästinensischen Volksbewegung gegen die Arafat-Führung erhoben worden. Dieses Konfliktmuster zwischen dem Befreiungsdemokratismus der Volksmassen und den mit dem Imperialismus kooperierenden Regimes – selbst wenn sie aus Befreiungsbewegungen hervorgegangen sein mögen – ist jedoch nicht spezifisch für Palästina. Korruption zählt weltweit zum Wesenszug der prowestlichen Eliten, genauso wie die diktatorische Verteidigung ihrer Privilegien. Entsprechend diesem Muster und damit ganz im Sinne Israels und der USA schlug Arafat die Demokratiebewegung nieder, denn freie Wahlen – so wenig sinnvoll dieser Begriff unter den Bedingungen der Besatzung auch ist – hätten mit Sicherheit den konsequenten Kräften der Befreiungsbewegung Auftrieb gegeben. In dem Maß, in dem Arafat jedoch nicht mehr gefügig die ihm von Israel zugedachte Rolle zu spielen bereit war, forderte man von ihm „Reformen". Demagogisch schwangen Washington und Tel Aviv die Keule der „Demokratie", doch was sie meinten, war die widerspruchslose Unterordnung unter ihre Interessen.

Wie sich das die US-Administration vorstellt, kann der „Roadmap für eine permanente Friedenslösung" vom 30. 4. 2003 entnommen werden. Das Dokument macht sich gar nicht mehr die Mühe, auf die Fragen einzugehen, die zum Scheitern von Camp David führten: die Erfüllung der Resolution 242, des israelischen Abzugs aus den besetzten Gebieten, die Verteidigungsminister Donald Rumsfeld mit dem Zusatz „so genannt" versah. Die umfassende Voraussetzung für Verhandlungen seien die Ablösung Arafats durch eine willfährige Führung, das Ende von „Terror und Gewalt" von Seiten der Palästinenser sowie die Unterstützung einiger arabischer Staaten dafür. Es ist kein Zufall, dass das US-State Department seinen neuen „Friedensplan" auf dem Höhepunkt des Krieges gegen den Irak bekannt gab. Washington zählte auf die „heilsame Wirkung" seiner Machtdemonstration gegen die arabische Welt.

Im Visier der USA

Neben dem ungelösten Konflikt um Palästina taten sich indes weitere Bruchlinien auf. Der sunnitische Islamismus hatte sich gerade an der Irak-Frage von einem Instrument der USA in deren Hauptfeind verwandelt. Während Osama bin Laden 1990 den USA noch angeboten hatte, auf ihrer Seite gegen den Ungläubigen in Bagdad zu kämpfen, erklärte er sich ein Jahrzehnt später bereit, an Saddams Seite gegen die USA ins Feld zu ziehen. Saudi-Arabien und Pakistan, ehemals die zwei verlässlichsten auf den islamischen Fundamentalismus gebauten Stützen des USA, verloren durch diesen inneren Widerspruch an Stabilität und sind für die Falken in Washington nun selbst Kandidaten für einen „regime change". Syrien, das 1990 noch den Krieg gegen den Irak unterstützt hatte und dafür Einfluss im Libanon erhielt, gab den Erpressungen Israels nicht nach und mutierte damit zur Verlängerung der „Achse des Bösen" von Teheran über Bagdad nach Damaskus.

Den Hintergrund der verschärften Spannungen bildeten die Auswirkungen der „Globalisierung", des von US-Konzernen angeführten ungezügelten Kapitalismus. Die Armut und die soziale Ungerechtigkeit haben in vielen Ländern unerhörte und niemals gekannte Ausmaße angenommen. Gepaart mit der Verweigerung einer realen nationalen Selbstbestimmung führt das Elend zu einem Streben nach einer neuen islamischen Identität, das mit dem amerikanischen kulturellen Kreuzzug kollidiert. Dieses explosive Gemisch macht selbst als stabil geltende pro-westliche Diktaturen wie Ägypten zu unberechenbaren Pulverfässern.

Der Irak gab ein günstiges Ziel für einen US-Präventivschlag gegen die gärenden arabischen Emanzipationsbestrebungen ab: militärisch schwach, politisch-diplomatisch isoliert, wirtschaftlich mehr als attraktiv und geostrategisch an einem Schnittpunkt gelegen. Mit der Eroberung des Irak kann das unsichere Saudi-Arabien sowohl als wichtigster Ölproduzent als auch als Truppenaufmarschgebiet entlastet oder gar ersetzt werden. Vom Zweistromland aus können der Iran und Syrien bedroht werden. Die durch die Eroberung Bagdads ausgesandte Botschaft richtete sich indes nicht nur an die „Schurkenstaaten", sondern sollte von der ganzen arabisch-islamischen Welt als Warnung verstanden werden.

Der amerikanische Sieg und seine Grenzen

Der Angriff auf Jugoslawien 1999 hatte gezeigt, dass kein Krieg allein luftgestützt zu gewinnen ist. Daher kombinierten die US-Strategen den Luftkrieg gegen den Irak mit einem hochmobilen Blitzkrieg auf dem Boden. Dennoch brachte der erbitterte Widerstand der völlig unterlegenen irakischen Armee die im Eiltempo vorstoßenden motorisierten US-Kolonnen in erhebliche Schwierigkeiten. Die Versorgungslinien streckten sich, wurden teils unterbrochen, das Tempo musste gedrosselt werden. Der unerwartete Verlauf der Kampfhandlungen lässt eine Vorahnung aufkommen, mit welchen Problemen ein kombinierter Blitzkrieg in der Luft und auf dem Boden gegen einen Gegner zu rechnen hätte, der über Luftabwehr und Rüstungskapazitäten verfügt. Den Sieg trugen die USA vor allem politisch davon. Die praktische militärische Überprüfung ihres höchst riskanten Konzepts ersparte sich das Pentagon indes.

Die entscheidenden irakischen Truppenteile waren gar nicht in den Kampf eingetreten. Zur gefürchteten Schlacht um Bagdad mit den zu erwartenden verlustreichen Häuserkämpfen war es nicht mehr gekommen. Die Generalität hatte kapituliert, ja sich richtiggehend verkauft, wie der Journalist Walid Rabbah in einem am 14. 4. 2003 in der libanesischen Zeitung *Sawt al Urouba* erschienenen viel beachteten Artikel behauptete. Schon vor dem Krieg hätte die US-Führung Kontakte mit dem Kommando der Republikanischen Garde und der Fedahin Saddams unterhalten. Der ausgehandelte „Deal" – so überschrieb Rabbah einen Artikel – sah vor, dass die erste Kommandoebene als Gegenleistung für die kampflose Übergabe Bagdads in die USA ausgeflogen, dort Aufenthalt erhalten und ihr die US-Staatsbürgerschaft verliehen werden würde. Einigen der Kommandanten soll „eine begrenzte Rolle in der späteren Administration des Irak" zugestanden worden sein. Auch Geld sei im Spiel gewesen. Entscheidender Punkt der Konspiration war Rabbahs Darstellung zufolge die Schlacht um den Flughafen. Dort hätte man den Sammelpunkt vereinbart. Während nicht nur der Informationsminister, sondern auch die unteren Ränge der Truppe im Glauben gelassen worden wären, der Überraschungsgegenangriff stünde kurz bevor, sollen die Generäle ein US-Flugzeug bestiegen haben, nachdem sie den Befehl gegeben hätten, keinen Widerstand zu leisten. So wenig diese Version überprüfbar ist, so sehr ist sie politisch kohärent und kann erklären, wieso der militärische Widerstand plötzlich implodierte.

Das Verhalten der irakischen Generalität steht stellvertretend für das veränderte Verhältnis der irakischen Bourgeoisie – oder was von ihr nach dem Embargo noch übrig ist – zum baathistischen Staat. Der Baathismus hatte in den 1970er Jahren das Bürgertum staatlich organisiert, ja er hatte es zu einem guten Teil erst erschaffen. Mit der Ausschüttung der Ölrente sicherte sich die etatistische herrschende Klasse ihre gesellschaftliche Hegemonie. Der Iran-Irak-Krieg in den 1980er Jahren brachte den Verlust der Akzeptanz in den breiten Volksmassen, mit dem Embargo ab 1991 ging jene in der Bourgeoisie verloren. Abgesehen von einer kleinen Gruppe von Kriegsgewinnlern um den innersten Kern der Macht war das Regime Saddam Husseins zum nicht enden wollenden Albtraum geworden. Saddam hatte sich nur mehr als Ein-

Mann-Diktatur an der Macht halten können, indem er jede potenzielle Opposition selbst im innersten Zirkel der Macht im Keim erstickte. Die gesellschaftlich dominante, politisch aber entmündigte Klasse wollte dieses Regime nicht mehr verteidigen – der geschlossene Verrat des als absolut regierungstreu geltenden Offizierscorps der Republikanischen Garde darf nicht auf seinen konspirativen Aspekt reduziert, sondern muss als gesellschaftliches Phänomen begriffen werden. Seine Willkürherrschaft dennoch aufrechtzuerhalten gelang Saddam, weil viele Intellektuelle und Teile der Unterklassen sein „Kalifat" als kleineres Übel zur direkten amerikanischen Herrschaft oder zur Teilung des Landes betrachteten.

Dieser Widerspruch bestimmte beim Angriff das Verhalten des Volkes, das sich von jenem der Elite unterschied. Solange das Oberkommando intakt schien, zeigte sich bei den einfachen Soldaten durchaus Kampfbereitschaft, trotz der aussichtslosen Lage. Die nationale Verteidigung und Selbstbestimmung standen ungeachtet der Ablehnung des Regimes im Vordergrund. Wie im Krieg gegen den Iran wog die Zugehörigkeit zum arabischen Irak mehr als die schiitische Identität, die die USA zu instrumentalisieren versuchten. Darum kam es nie zum schiitischen Aufstand, den die westlichen Medien herbeischrieben. Vom Oberkommando verlassen, brach der Widerstand jedoch in sich zusammen. Die Volksmassen verfügten über keine alternative politisch-militärische Führung, die bereit und fähig gewesen wäre, den Widerstand fortzusetzen. Die Herrschaft Saddam Husseins hatte das Volk atomisiert. Stellt man diese Tatsache in Rechnung, sprang der Widerstand gegen die Besatzung erstaunlich schnell an.

In ihrem militaristischen Machtrausch haben die Okkupanten im Gegensatz zur BRD nach 1945, wo nur die sichtbaren Spitzen entfernt wurden, die Nazi-Hierarchie aber in den Grundfesten beibehalten blieb, den baathistischen Staatsapparat gänzlich zerschlagen. Wie das Verhalten der Generäle demonstriert hat, wäre ein gewichtiger Teil dieser staatlich organisierten Bourgeoisie zur Kooperation bereit gewesen. Die USA nahmen sich selbst eine realistische Möglichkeit, innerhalb kurzer Zeit ein höriges Regime zu etablieren, das die Besatzungsmacht aus dem direkten Schussfeld nehmen könnte und zumindest die formale Einheit des Landes zu wahren in der Lage wäre.

Vieles steht und fällt mit dem schiitischen Klerus, der die politische Führung der Mehrheitsbevölkerung stellt. Nur wenn es den Besatzern gelingt, mit einer Fraktion ein Abkommen zu schließen und sie ins neue Regime einzubinden, können die USA auf eine Stabilisierung hoffen. Yitzhak Nakash, Professor an der Brandeis-Universität in Massachusetts, sah das in der Sommerausgabe 2003 von *Foreign Affairs*, dem offiziösen Sprachrohr des US-Außenressorts, realistisch: „Die mit dem Wiederaufbau befassten Beamten müssen mit den moderaten religiösen und tribalen schiitischen Führern zusammenarbeiten, die Radikalen isolieren und sich Mühe geben, die säkulare Mittelklasse und Intelligenz, die oftmals schiitisch ist, wiederzubeleben." Doch das wird ohne substanzielle Zugeständnisse nicht möglich sein, denn die schiitischen Führer sind sich ihres Verhandlungswertes durchaus bewusst. Angesichts der Tatsache, dass sich vor allem die pro-iranische Tendenz kooperationsbereit zeigt, läuft das jedoch auf eine Stärkung des persischen Gottesstaates hinaus – ein Ergebnis, das die Gotteskrieger auf der anderen Seite des Atlantiks sich nicht gewünscht haben können.

Die Unwägbarkeiten des Neokolonialismus

Ein Ausgleich mit einer Fraktion des schiitischen Klerus mag eine Beruhigung der Lage und eine spürbare Entlastung des Besatzungsregimes bringen. Eine dauerhafte Garantie bietet ein solches Abkommen dennoch nicht. Letztendlich entscheidend sind die großen nationalen Aufgaben: die wirtschaftliche Notlage der Masse der Bevölkerung spürbar zu lindern, die nationale Einheit zu erhalten, einen Ausgleich zwischen Kurden und Arabern auf den Weg zu bringen und gleichzeitig dem Schein nach die Unabhängigkeit zu etablieren sowie schließlich der verstärkten, aber doch diversen religiösen Identität der Massen Rechnung zu tragen. Es ist kaum damit zu rechnen, dass die USA nur eine dieser brennenden Fragen befriedigend lösen werden können. Zu imperial ist ihr Gehabe, zu demütigend das Auftreten ihrer Soldateska und zu ungezügelt ihr Interesse an wirtschaftlicher Ausplünderung. Wenn sie es nicht rechtzeitig schaffen, ein tragfähiges Marionettenregime einzusetzen, wird der militärische Widerstand, der heute vor allem in der sunnitischen Bevölkerung Unterstützung findet, auch auf die schiitische Mehrheit überspringen. Im Klerus stehen jedenfalls neben den auf Ruhe bedachten und kollaborationswilligen Imamen auch radikale antiamerikanische Anführer bereit.

Ein verallgemeinerter und lang andauernder bewaffneter Widerstand gegen die Okkupation würde wesentlich mehr militärische Ressourcen binden als die heute rund 150.000 Besatzungssoldaten. Diese stellen nominell rund 10% der US-Streitkräfte, belasten den Militärapparat aber in einem weit größeren Ausmaß. In der UN-Entschließung 1483 vom 23. 5. 2003 erkannten die Kriegsgegner zwar „die besonderen Befugnisse, Verantwortungen und Verpflichtungen dieser Staaten [der USA und Großbritanniens, d.A.] als Besatzungsmächte unter einem gemeinsamen Kommando an". Ihnen wurde die Bildung einer „allgemein akzeptablen und repräsentativen" neuen Regierung zugebilligt. In dem Maß, in dem sich dieses Unterfangen aber als schwierig erweist, erscheint auch die Abstützung auf die aus Ländern wie Polen, Spanien oder Japan bestehende „Koalition der Willigen" politisch als unzureichend. Das amerikanische Imperium ist also durchaus keine ausgemachte Sache. Es muss sich ständig selbst affirmieren, andernfalls drohen die unterirdisch wirksamen Momente zur Multipolarität an die Oberfläche zu drängen.

Die Akzentuierung des Widerstands vermag die USA in einen Kolonialkrieg hineinzuziehen, der jene Tendenzen, die in den USA selbst bereits „imperial overstretch" – Überdehnung des Reiches – genannt werden, noch verschärfen würde. Schon ein zweiter vollwertiger Krieg an einem anderen Brennpunkt, dessen Führbarkeit in der Präventivkriegsdoktrin ausdrücklich festgeschrieben ist, würde den Reichslenkern in Washington wohl unabsehbare Probleme bereiten. Die innere Logik des erklärten globalen Krieges, des Zwanges zur permanenten Selbstbestätigung, führt sie aber notwendig dazu, sich selbst – als Paraphrase auf Che Guevara – ein, zwei, viele Vietnams zu schaffen.

Ist die US-Politik im Sinne ihrer eigenen Interessen funktional?

Vielfach wird der nach dem 11. September 2001 ausgerufene permanente, präventive und globale Krieg gegen die Feinde Amerikas als den Fieberträumen einer illegal die Macht usurpierenden protestantisch-fundamentalistischen Clique geschuldet angesehen. Doch schon unter Clinton zeichneten sich seine Vorboten ab. Und die neokonservativen „defense intellectuals" in Washington kommen überwiegend vom Liberalismus, den sie konsequent zu Ende gedacht haben. Die Doktrin des Präventivkrieges entspricht dem durchaus rationalen Versuch, den Funken, der das Pulverfass Nahost mit unabsehbaren Folgen für die amerikanische Vorherrschaft zu entzünden droht, vorbeugend – mit aller Gewalt – auszudämpfen und unwirksam zu machen. Aus dieser Sicht wird das manichäische „Wer nicht mit uns ist, ist gegen uns" verständlich, denn jede selbstständige Regung könnte als Schwäche des Reiches interpretiert werden und zum Widerstand anregen.

Der Linienwechsel in Washington birgt auch erhöhtes Risiko in sich, denn er schwächt und zersetzt die politisch-kulturelle Anziehungskraft des Amerikanismus, sein ideologisches Bindemittel.

Die Clinton'schen Verheißungen von der Verwirklichung der universellen Werte wie Demokratie und Menschenrechte bleiben aufrecht. Amerika nimmt nach wie vor amtlich in Anspruch, ihr einziger Garant zu sein. Insofern erscheint die Menschenrechtsrhetorik der „Nationalen Sicherheitsstrategie" als Kontinuität des Clintonianismus. Doch durch die Proklamation des amerikanischen Imperiums, die offene Unterordnung der Verbündeten, die Zerstörung der Fiktion der „internationalen Gemeinschaft" und deren Ersetzung durch die „Koalition der Willigen" haben die universellen Werte an Glaubwürdigkeit verloren und einen schalen Beigeschmack angenommen. Die offene Gewalt, der christliche Kreuzzug, der immer ein Moment des Amerikanismus war, überlagert die einschließenden Aspekte der amerikanischen Ideologie und wird im Bushismus dominant. Nicht mehr so sehr der Mythos von der unbegrenzten individuellen Freiheit begründet die zivilisatorische Überlegenheit Amerikas und den daraus abgeleiteten globalen Machtanspruch, sondern ein blanker Chauvinismus, der letztinstanzlich auf das Recht des Stärkeren rekurriert. Dort, wo zur Apologie des amerikanischen Imperiums die aus der Aufklärung hervorgegangene Gleichheit aller Menschen und die auf dieser beruhende Demokratie, selbst in ihrer traditionellen amerikanischen Reduzierung auf das Individuum auf dem Markt, nicht mehr greifen, setzt die göttliche Mission eines eschatologischen Reiches für das auserwählte Volk ein – und nimmt sich damit Israel zum Vorbild.

Im Zionismus zeigt sich der Amerikanismus der Welt in seiner Konsequenz, als seine Speerspitze. Unter dem Deckmantel der Errettung vor dem Faschismus, jener Negation der Aufklärung, steigert der Zionismus den Amerikanismus seinerseits in die Negation der Aufklärung. Er postuliert die radikale Ungleichheit der Menschen, aus deren Masse sich kraft seiner rassischen, religiösen oder zivilisatorischen Überlegenheit das auserwählte Volk emporhebt. Der Amerikanismus verheißt noch allen die Errettung und den Aufstieg zum auserwählten Volk – auch wenn dieses Privileg schließlich nur den Reichen zukommt. Der Zionismus nimmt dieses Ergebnis schon vorweg, indem er die Verdammten von vornherein vom Heil ausschließt. Wehe jenen, die sich der Mission verweigern oder sie gar behindern wie die Palästinenser, die „Gottes eigenes Land" besetzt halten. Diese fallen der Unterwerfung oder Vernichtung anheim, genauso wie jene, die sich dem amerikanischen Imperium widersetzen.

„Zur Verteidigung unserer großen Nation werden wir Tod und Gewalt in alle vier Himmelsrichtungen tragen" (George W. Bush, zit. nach Le Monde diplomatique, Nr. 7101, 11. 7. 2003). In dem Maß, in dem die USA die israelische Politik als Modell adoptieren und sie im globalen Rahmen umsetzen, entfremden sie sich selbst von den befreundeten Völkern und rufen Widerstand hervor. Die USA befinden sich also in einer Zwickmühle. Auf der einen Seite können sie nur mit ihrer überlegenen militärischen Macht und dem ständigen Krieg ihr globales Reich sichern und ausbauen, auf der anderen Seite untergraben sie dadurch ihre politisch-kulturelle Hegemonie, die sich für die dauerhafte Stabilität von Herrschaftssystemen bisher immer noch als unumgänglich erwiesen hat. Die Reaktion darauf ist die Intifada, die dem Amerikanismus als globales Gegenmodell zu erwachsen droht. Der irakische Widerstand stellt den jüngsten Ausdruck dieser Tendenz dar.

⑩ Kreuzzug gegen den Islam

Die Zähmung der Zauberlehrlinge

Innerhalb einer Zeitspanne von nur einem Jahrzehnt hat sich die Politik Washingtons gegenüber dem Islamismus um 180 Grad gedreht. Der islamische Fundamentalismus, an dessen Seite man im Land am Hindukusch mehr als ein Jahrzehnt lang die UdSSR als Reagans „Reich des Bösen" bekämpft hat, wird nun unter dem Namen „Terrorismus" zum Inbegriff des Bösen stilisiert. Ihm wird gar der globale, permanente und präventive Krieg erklärt. Am Beispiel Afghanistans lässt sich der unerhörte Pragmatismus der USA, der mit seiner Kurzfristigkeit und Kurzsichtigkeit gar nicht anders kann als Widersprüche im amerikanischen Herrschaftssystem hervorzurufen, anschaulich darstellen. Unweigerlich fühlt man sich an den Hexenmeister erinnert, der den Geist, den er gerufen, nicht mehr loszuwerden in der Lage ist.

Die „April-Revolution"

Das Eingreifen der USA in Afghanistan begann mit der Machtübernahme der Kommunisten am 27. April 1978 und steigerte sich in der Folge der sowjetischen Invasion 1980 zum Finale des Kalten Krieges. Das Substrat dieses Stellvertreterkrieges ist jedoch ein tief in der Geschichte des Landes wurzelnder Konflikt.

Der kommunistische Staatsstreich 1978 war Kulminationspunkt einer fast hundertjährigen Entwicklungslinie und nicht wie oft behauptet Produkt einer sowjetischen Verschwörung. Seit der Staatsbildung hatten die verschiedenen städtischen Schichten und insbesondere die Intelligenz, die sich wie eine Insel im weiten Meer ländlicher Rückständigkeit empfand, nach einem Weg der Modernisierung gesucht. Zuerst hatte sich eine Reformmonarchie vom Kemalismus inspirieren lassen, später nahm sich der Hof am persischen Schah ein Beispiel. Doch der afghanische Staat, der am Ausgang des 19. Jahrhunderts im „Great Game" zwischen Großbritannien und Russland von außen als schwacher Puffer geschaffen worden war, konnte diese ihm angeborene und von seinen Erschaffern gewünschte Schwäche nie überwinden.

Die neue Führung um Nur Mohammad Taraki und Hafizullah Amin ging, die angestaute Ungeduld der Intelligenz hinter sich wissend, sofort mit einem radikalen Reformprogramm ans Werk, das die Rückständigkeit des Landes an den Wurzeln ausreißen sollte. Seine drei Eckpfeiler waren die Landreform, die Alphabetisierung und die Gleichstellung der Frau – Ziele, die seit der Jahrhundertwende proklamiert, aber nie durchgeführt worden waren. Sehr bald sah sich die revolutionäre Regierung jedoch mit erheblichen Widerständen konfrontiert, denn ihr Programm war mit den Schablonen eines dogmatischen Marxismus auf dem Schreibtisch konzipiert worden. Die „Demokratische Volkspartei" (PDPA) ging vom „Klassenkampf auf dem Lande" als einer gegebenen Konstante aus, während die soziale Differenzierung tatsächlich vom Stammeszusammenhalt begrenzt wurde. Zwar hatten die wenigen Landarbeiter die Verteilung der Ländereien der abwesenden Großgrundbesitzer willkommen geheißen. Den Stammesoberen und den islamischen Würdenträgern war es jedoch gelungen, die ausschlaggebende Masse der einfachen Bauern gegen die Reform und gegen den erstmals obligatorischen Unterricht für Mädchen zu mobilisieren. Je mehr die neue Regierung auf Gewalt zurückgriff, desto stärker wurde der sich unter islamischer Flagge formierende Widerstand.

Die Sowjetunion, der es vor allem an Stabilität gelegen war, drang auf Mäßigung. Als das russische Eingreifen in die blutigen Fraktionskämpfe nicht zur Stabilisierung des Regimes führte, ließ der Kreml am 27. Dezember 1979 seine Soldaten über den nördlichen Grenzfluss Amu Darja setzen.

Radikaler Fundamentalismus gegen die UdSSR

Die Détente der 1970er Jahre, in der die USA unter dem Druck der erfolgreichen Befreiungsbewegungen ihre imperiale Politik dämpfen mussten, wurde durch das aggressive „roll-back" Reagans in der 1980er Jahren abgelöst. Der Krieg in Afghanistan markiert diesen historischen Wendepunkt.

Die USA pflegten schon vor dem afghanischen Dschihad enge Beziehungen mit islamischen Strömungen. Das gilt zuallererst für die Ölmonarchien am Golf, die sich mit einer extrem konser-

vativen, fundamentalistischen Form des Islam, dem Wahabbitismus, legitimieren. Um den Einfluss des in den zentralen arabischen Ländern dominierenden Panarabismus zu dämpfen koket-
tierte Amerika auch mit konservativen Gruppierungen wie den
Moslembrüdern.

Der afghanische Islam war indes vom Sufismus, einem konservativen Traditionalismus sowie einer Überformung durch den
Sittenkodex der Stämme geprägt. Der moderne städtische Fundamentalismus und der Wahabbitismus stellten zunächst Fremd-
körper in der ländlichen afghanischen Kultur und damit auch im
islamischen Widerstand dar. Da die radikalen Islamisten um Gulbuddin Hekmatyars Hisb-e-Islami als moderne Kaderpartei organisiert waren und über die diszipliniertesten Kämpfer verfügten,
waren sie die ersten Empfänger der amerikanischen Unterstützung, die über den pakistanischen Militärgeheimdienst Inter Service Intelligence (ISI) vermittelt wurde. Erst diese amerikanische
Förderung machte die radikalen Fundamentalisten sowohl in Afghanistan als auch international zu einem entscheidenden Faktor.

Geld, Waffen, Drogen

Das gesamte Ausmaß der amerikanischen Unterstützung für die
Mudschaheddin ist schwer zu erfassen. Bis zumindest Mitte der
1980er Jahre wurde jede Hilfe offiziell abgestritten. Zudem war
diese vielgestaltig – sie schloss zum Beispiel die Förderung des
Drogengeschäftes ein – und lief oft indirekt über Verbündete und
da vor allem über Saudi-Arabien.

In einem Bericht des vom UNHCR 1996 herausgegebenen
Refugee Survey Quarterly wird folgende ansteigende Kurve direkter US-Zuwendungen angegeben: 30 Mio. US-Dollar 1980,
80 Mio. 1983, 250 Mio. 1985, 470 Mio. 1986 und bis 1989 jährlich 630 Mio. US-Dollar. Mit der Eroberung von Kabul durch die
Mudschaheddin 1992 lief die Hilfe aus. Der pakistanische Journalist Ahmed Rashid schätzt in seinem Buch „Taliban", dass in
den Jahren 1980 bis 1992 insgesamt rund 5 Milliarden Dollar
US-Militärhilfe flossen, die von Saudi-Arabien nochmals verdoppelt wurden. Laut dem Chef des Afghanistan-Büros der ISI, Mohammad Yousaf, verteilte die ISI rund zwei Drittel der Waffen an

die radikalen Fundamentalisten. Die saudischen Dollars gingen zur Gänze an sie, wie Yousaf in seinem 1992 erschienenen Buch „Bärenfalle" schrieb.

Das Ausmaß des Drogengeschäfts zur Finanzierung des Krieges ist noch schwerer zu beziffern. Die Heroin-Bonanza begann in Pakistan, das laut Schätzung von Ahmed Rashid bis 1989 mit 70% Anteil zum größten Produzenten auf dem Weltmarkt aufstieg. Der ehemalige SPD-Abgeordnete und Forschungsminister Andreas von Bülow meint in seinem Buch „Im Namen des Staates", dass sich die pakistanischen Einnahmen auf dem Höhepunkt des Drogengeschäftes auf jährlich 10 Milliarden Dollar beliefen, rund 25% des Bruttonationalproduktes. Die Waffenrouten in die afghanischen Berge wurden auf dem Rückweg zu Drogenpfaden. Die ISI übernahm die Drogen zum Export. Mehrfach flogen laut Darstellung von Ahmed Rashid Armee-Kuriere auf. 1986 fand man im Auto des Luftwaffen-Hauptmanns Khalilur Rehman 220 kg reinstes Heroin. Im Verhör gestand der Hauptmann, dass es sich um seinen fünften Kurierdienst gehandelt habe. Viele der verurteilten Armeeangehörigen konnten auf ungeklärte Weise nach kurzer Zeit aus der Haft flüchten, so auch Rehman. „Die Heroin-Pipeline in den 1980er Jahren konnte nur mit dem Wissen, wenn nicht sogar der Duldung der Spitzen der Armee, der Regierung und der CIA funktionieren", stellt Ahmed Rashid fest.

Aus der gesamten islamischen Welt strömten Freiwillige nach Pakistan, um gegen die „ungläubigen Kommunisten" zu kämpfen. Ihnen wurden keine Steine in den Weg gelegt. Die USA wollten zeigen, dass die gesamte islamische Welt geeint gegen die UdSSR stünde, während sich sowohl Saudi-Arabien als auch Pakistan als Führer dieser Welt zu präsentieren versuchten. Allein für den Zeitraum zwischen 1983 und 1987 berichtet Mohammad Yousaf davon, 80.000 nichtafghanische Kämpfer ausgebildet zu haben. Laut von Bülow gab es selbst in den USA Ausbildungslager. Diese „Afghanen", wie die zurückgekehrten Teilnehmer am Dschihad in vielen islamischen Ländern respektvoll genannt werden, stellen heute oft den Kern der militanten islamistischen Gruppen in aller Welt. Der prominenteste dieser internationalen Mudschaheddin ist Osama bin Laden.

Amerikanische Ambiguität gegenüber den Taliban

Als im Februar 1989 der letzte sowjetische Soldat Afghanistan verlassen hatte, rechnete man bei den siegreichen Kalten Kriegern mit dem baldigen Zusammenbruch des Regimes von Mohammed Nadschibullah. Doch zur Überraschung aller konnte sich die Kabuler Regierung noch fast vier Jahre lang halten. Die Macht vor Augen, war das fragile Bündnis der Mudschaheddin auseinandergebrochen, während der aus dem Staatsvolk der Paschtunen stammende Nadschibullah sich mit weitgehenden Zugeständnissen an die Minderheiten auf ein Gleichgewicht der Volksgruppen zu stützen verstand. Erst als der für seine häufigen Partnerwechsel bekannte Usbeken-General Rashid Dostum 1992 mit seiner Junbish-e-Milli-Miliz auf die Seite der Mudschaheddin gezogen werden konnte, brach die linke Regierung in Kabul zusammen.

Nun begann der zweite, blutigere Teil des Bürgerkrieges aller gegen alle. Dabei kam es zu groß angelegten ethnischen Massakern und Säuberungen. In wechselnden Allianzen wurde geplündert und vergewaltigt. Der rasante Aufstieg der Taliban ab 1994 war nach Ahmed Rashid zu einem guten Teil die Revolte des im Krieg entstandenen Lumpenproletariats. Das Fußvolk der Mudschaheddin rebellierte gegen die Unfähigkeit der Führer, die bewaffneten Auseinandersetzungen zu beenden und eine öffentliche Ordnung nach der versprochenen islamistischen Lesart herzustellen. Hinzu kam noch das Moment der Rebellion der von der Macht verdrängten Paschtunen, denn die neuen Machthaber in Kabul wurden von einer Koalition der nationalen Minderheiten gestellt. In Islamabad versuchte sich ein Teil der Elite um den Bhutto-Clan von der erdrückenden Macht der ISI, die als Generalstab der Mudschaheddin einen Staat im Staat gebildet hatte, zu emanzipieren. Sie ließen den von den Generälen protegierten erfolglosen Gulbuddin Hekmatyar fallen und setzten stattdessen auf die Taliban. Als ein weiterer Faktor zu Gunsten der Bewegung der verarmten Mullahs kam noch die mächtige pakistanisch-afghanische Händlerschaft hinzu, die mit Hilfe der Taliban den durch den Bürgerkrieg blockierten Handelsweg zu den unabhängig gewordenen zentralasiatischen Republiken erschließen wollte.

Die USA schienen Mitte der 1990er Jahre noch eine Verhandlungslösung zu bevorzugen, die die wichtigsten Kriegsparteien in eine stabile Lösung einbeziehen würde und so den Korridor von Pakistan nach Zentralasien dauerhaft sichern könnte. Denn sie blieben hinsichtlich der Fähigkeit der Taliban, das gesamte Land zu erobern, skeptisch.

Mit den augenscheinlichen Erfolgen der Taliban pendelte die US-Politik wieder Richtung Islamabad, ihrem wichtigsten Verbündeten in der Region. In dem Maß, wie sich die in Bedrängnis geratenen und in der Nordallianz zusammengeschlossenen Parteien an den Iran und Russland um Hilfe wandten, tendierten die USA zur pakistanischen Position.

In der zweiten Hälfte der 1990er Jahre wollte Washington die Kontrolle über die neuen zentralasiatischen Staaten und damit auch über die dort vermuteten Öl- und Gasreserven erlangen. Diese Politik entwickelte sich zu einer richtiggehenden Obsession der US-Weltpolitik. Dick Cheney sagte noch als Vorstandsvorsitzender des führenden Ölfeldausrüsters Halliburton 1998 bei einem Treffen von hochrangigen Managern der Ölindustrie, dass er sich „an keinen Zeitpunkt erinnern kann, an dem eine Region plötzlich strategisch derartig wichtig wurde wie die kaspische". Der amerikanische Ölkonzern Unocal führte gemeinsam mit der saudischen Delta Oil jahrelange Verhandlungen mit den Taliban über die Errichtung von Öl- und Gaspipelines von Turkmenistan über Afghanistan nach Pakistan. Auch das US-State Department versuchte sein Bestes. Im November 1997 kam es in Washington zu einer Unterredung mit einer Delegation der Taliban unter Führung des einäugigen Mullahs Mohammed Ghaus.

Trotz militärischer Erfolge der Koranschüler zog sich der Bürgerkrieg in die Länge und der Baubeginn musste immer wieder verschoben werden. 1998 wurde das ambitiöse Projekt der Ölleitung vorläufig auf Eis gelegt.

Die Taliban werden zum Bösen

Ein entscheidender Faktor für die Verschlechterung der Beziehungen zwischen den USA und den Taliban war die Causa Osama bin Laden. Der Anführer und Financier der internationalen Mudschaheddin war 1996 nach Afghanistan zurückgekehrt, nachdem sich das Verhältnis zu seinen saudischen Mentoren stetig verschlechtert hatte. Noch 1991 war bin Laden mit seinen Gotteskriegern an der Seite der USA gegen die „ungläubigen Baathisten" in Bagdad gestanden. Doch die Tatsache, dass die USA den Golfkrieg benutzten, um ihre ständige Präsenz auf der arabischen Halbinsel zu etablieren, und die Königsfamilie Saud sie gewähren ließ, führte bin Laden zu immer schärferen Attacken auf die saudische Monarchie. Diese erkannte ihm im Gegenzug 1994 die Staatsbürgerschaft ab. Dieses Vorgehen reflektierte den Druck der US-Administration, die über Riad und Islamabad die Taliban zur Auslieferung Osama bin Ladens zwingen wollte. Doch Saudi-Arabien war froh, dass der unbequeme Dissident mit Beziehungen zu einflussreichen Kreisen nicht greifbar war – zumal man dessen Mission, zumindest was Afghanistan betraf, noch immer teilte. Noch im Juli 1998 brachte Prinz Turki laut Achmed Rashid 400 japanische Pick-ups nach Kandahar, der Hauptstadt des Islamischen Emirats. Pakistan blieb mit den Taliban und bin Laden noch enger verbunden. Islamabad errichtete das Telefonnetz in Kandahar, zahlte die Gehälter des rudimentären Staatsapparates, lieferte Ersatzteile für militärisches Gerät und schickte Mechaniker. In den Ausbildungslagern bin Ladens trainierten im Gegenzug pakistanische Mudschaheddin für den Krieg in Kaschmir.

Am 7. August 1998 explodierten vor den US-Botschaften in Nairobi und Dar-es-Salam Bomben, die von Washington sofort bin Laden angelastet wurden. Wenige Tage darauf feuerten die USA 75 Marschflugkörper auf bin Ladens Camps bei Dschalalabad und Khost ab. Die Taliban, die anfangs keine besondere antiamerikanische Stoßrichtung gehabt hatten, rückten in Reaktion darauf näher an Al-Quaida und ihre wahabbitische Ideologie heran und lehnten bin Ladens Auslieferung kategorisch ab.

Schritt für Schritt erhöhten die USA den Druck auf Taliban-Führer Mullah Omar und seine Umgebung. 1999 wurden UN-

Sanktionen verhängt. Doch bis zum Schluss schlugen die USA die Tür nicht ganz zu.

Die Taliban als Ritualopfer

Die Anschläge vom 11. September 2001 gaben den USA Anlass für die definitive Abwendung von den Taliban. Doch dieser Wandel war mehr eine Nebenwirkung, denn beim von Washington erklärten „permanenten, präventiven und globalen Krieg gegen den Terror" ging es um viel mehr als um das komplizierte Geflecht von Interessen und Bündnissen in der Region. Der für den globalen Herrschaftsanspruch so wichtige Mythos der Unverwundbarkeit war nachhaltig angekratzt.

Ohne jegliche Beweise vorzulegen, wurde Osama bin Laden und seinem „Al-Quaida-Netzwerk" innerhalb von Minuten die Verantwortung für die Attacke auf das World Trade Center und das Pentagon zugeschoben. Hier ist nicht der Ort für einen kriminologischen Befund – dazu ist mittlerweile eine Flut von Publikationen erschienen –, doch bleiben die Ungereimtheiten bei der offiziellen Darstellung unübersehbar. Diese scheint vornehmlich vom dringenden Bedürfnis nach einem klaren Feindbild geprägt zu sein. Da aber bin Laden durch konventionelle kriegerische Mittel nicht angreifbar war, dämonisierte die US-Medienmaschine die Taliban zum integralen Bestandteil des Bösen – ungeachtet der Tatsache, dass sie bis vor kurzem Glied des eigenen Bündnissystems gewesen waren. Um die Ehre der gedemütigten führenden Nation wiederherzustellen, musste der medial errichtete Feind rituell geschlachtet werden.

Das afghanische Volk zahlt den Preis

Als am 8. Oktober 2001 der Luftkrieg der USA gegen Afghanistan begann, war er durch keine UN-Resolution, geschweige denn durch das Völkerrecht gedeckt. Die Entschließung 1373 bestätigte zwar das Recht auf Selbstverteidigung gemäß der UN-Charta Artikel 51, doch die Vereinigten Staaten wurden keineswegs zu einem Krieg gegen Afghanistan ermächtigt. Im Gegenteil – laut einem Gutachten des deutschen Völkerrechtsprofessors Norman Paech vom 12. 11. 2001 geht aus „dem Wortlaut der Resolution zweifelsfrei hervor, dass der Sicherheitsrat die Bekämpfung des Terrorismus mit anderen Mitteln als militärischen unternehmen will". In der Auslegung Washingtons wird hingegen ein Terroranschlag zum staatsrechtlich gedeuteten „bewaffneten Angriff". Selbstverteidigung mutierte zum Angriffskrieg gegen ein Land, das keinerlei kriegerische Handlung gegen die Vereinigten Staaten gesetzt hatte und von diesen nicht einmal als Staat anerkannt wurde. Doch im Taumel der Solidaritätsbekundungen mit den USA fiel all das unter den Tisch.

Bei den Bombardements auf Afghanistan wurden laut Genfer Konvention illegale Waffen eingesetzt: einerseits Streubomben, die zynischerweise die gleiche Farbe und ähnliche Größe aufwiesen wie die abgeworfenen Lebensmittelpakete, und andererseits Munition aus abgereichertem Uran (depleted uranium, DU), das in den entsprechenden Codices internationalen Rechts allerdings nicht explizit als unerlaubt bezeichnet wird. Laut Marc Herold von der Universität New Hampshire soll der afghanische Boden mit bis zu 600 Tonnen radioaktiven Materials verseucht sein, etwa ebenso viel wie die Belastung des Irak 1991. Die Folgen für die Zivilbevölkerung sind verheerend. Für den ehemaligen Leiter des DU-Programms des Pentagon, Major Doug Rokke, handelt es sich um Massenvernichtungswaffen und bei ihrem Einsatz folgerichtig um Kriegsverbrechen, wie er gegenüber dem britischen *Sunday Herold* vom 30. 3. 2003 sagte. Nach einem Bericht von *Le Monde diplomatique* vom März 2002 kamen aber nicht nur panzerbrechende DU-Projektile mit einem maximalen Gewicht von fünf Kilogramm, sondern auch die „Raytheon Bunker Buster GBU-28" mit einem Sprengkopf aus bis zu 1,5 Tonnen DU zum Einsatz, deren Langzeitwirkung noch nicht bekannt ist. Am 16. Januar 2002 räumte US-Verteidigungsminister Donald Rumsfeld ein, dass in Afghanistan radioaktive Kontaminierung nachgewiesen wurde. Überdies wurden in den wenigen verbliebenen Waldgebieten des Wüstenstaates systematisch Brandbomben eingesetzt, um unübersichtliche Rückzugsgebiete zu vernichten – ein „Kollateralschaden" am ökologischen System.

Was die zivilen Opfer betrifft, veröffentlichte die *New York Times* am 21. Juli 2002 die offiziöse, aus dem Umfeld des Pentagon stammende Zahl von 400 Toten. Im selben Artikel wird die von der amerikanischen Hilfsorganisation „Global Exchange" stammende Zahl von 812 Toten genannt. Marc Herold kam im März 2002 in einer Studie nach akribischem Vergleich von Pressemitteilungen und offiziellen Publikationen zu dem Ergebnis, dass zehn Monate nach Kriegbeginn bis zu 3.600 zivile Opfer zu beklagen sein könnten. Der britische *Guardian* schrieb am 12. 2. 2002 von bis zu 8.000 unmittelbar durch Bombardements getöteten Zivilpersonen. Dies entspricht der in der afghanischen Exilgemeinde kolportierten Zahl. Der *Guardian* fügte aber hinzu, dass mit rund 20.000 indirekten Kriegsopfern gerechnet werden müsse.

Die neuen Verbündeten der USA, die Kriegsherren der Nordallianz, stehen den Taliban in Sachen Grausamkeit in keiner Weise nach. Im Gegenteil – der Aufstand der Taliban fand gerade auch deshalb Unterstützung, weil viele Afghanen von den Kriegsgräueln der Mudschaheddin, deren tadschikische Gruppe um Burhanuddin Rabbani und den ermordeten Ahmed Shah Massoud das Rückgrad der Nordallianz bildet, genug hatten. Jamie Doran, ein renommierter irischer Dokumentarfilmer, trug in seinem Fernsehreport „Massaker von Mazar" eine ganze Reihe von Beweisen für die systematische Zusammenarbeit der USA mit der Nordallianz bei der regelrechten Liquidierung von rund 5.000 Kriegsgefangenen zusammen. Viele der von ihm interviewten Zeugen belasten sich dabei selbst, was der Dokumentation besondere Glaubwürdigkeit verleiht. Als Anfang November rund 20.000 in der nordafghanischen Stadt Kunduz eingeschlossene Taliban-Kämpfer ihre Bereitschaft zu Verhandlungen signalisierten, wies dies US-Verteidigungsminister Donald Rumsfeld zurück und definierte das amerikanische Ziel klar: „Ich hoffe, dass sie [die Eingeschlossenen, d.A.] entweder getötet oder gefangen genommen werden." Laut den Recherchen von Doran zählte der lokale Kommandant der Nordallianz bei der Kapitulation noch 8.000 Gefangene. Rund 500 meist internationale Kämpfer wurden in der Burg Qala-e-Janghi interniert und von US-Beamten verhört. Grausame Folter trieb sie zum Aufstand. US-Spezialtruppen stürmten mit Luftunterstützung das Kastell und töteten den Großteil der Insassen, viele von ihnen wehrlos, weil gefesselt. Nur 86 überlebten das Massaker in Tunneln unter dem Gebäude, unter ihnen der amerikanische Talib John Walker Lindh. Die restlichen 7.500 – einige von ihnen waren keine Kämpfer, sondern wurden nur gefangen genommen, weil sie der paschtunischen Volksgruppe angehörten – transportierte man über die Burg Qala-e-Zaini in Containern ins Gefängnis Shibergan. Viele der Gefangenen überlebten die Fahrt nicht. Wenn sie nicht erstickten, verdursteten oder durch einen Hitzeschlag umkamen, wurden sie durch Schüsse auf die Container getötet. Nur rund 3.000 kamen tatsächlich an ihrem Ziel an. Viele von denen, die bis dahin nicht zu Tode gekommen waren, wurden in die Wüste Dasht-e-Leili verbracht, dort erschossen und verscharrt. Soldaten der Nordallianz führten die Gräueltaten aus. Doch an allen Stationen des Leidensweges waren amerikanische Soldaten anwesend, die oft das Kommando führten. Freilich folgten sie nur den Worten ihres Chefs im Pentagon.

Für die afghanische Bevölkerung hat sich die Lage nach dem „Befreiungskrieg" der Amerikaner kaum gebessert, in vielerlei Hinsicht sogar verschlechtert. Die alten Kriegsherren der Nordallianz haben das Land de facto in mit eiserner Hand kontrollierte Kantone zerstückelt. Die öffentliche Ordnung ist höchst fragil, immer wieder kommt es zu blutigen Kämpfen zwischen den Verbündeten, begleitet von Gräueltaten an der Zivilbevölkerung. Von Demokratie kann keine Rede sein, freie und allgemeine Wahlen sind nicht in Sicht. Das am Bonner Petersberg unter Ägide der UNO und Federführung der USA ausgehandelte und von der Loya Jirga, der Großen Ratsversammlung der traditionellen Eliten, abgesegnete Arrangement sieht im Kern einen von der Nordallianz kontrollierten Staat mit der US-treuen paschtunischen Marionette Karzai vor. Die Stammeselite, gegen die sich die kommunistische Intelligenz erhoben hatte, ist wieder eingesetzt.

Bruchlinien

Obwohl die USA vordergründig und kurzfristig ihren Sieg zelebrieren und ihre militärische Präsenz nicht nur in Afghanistan, sondern auch in den zentralasiatischen Republiken etablieren konnten, haben sie längerfristig neue Widersprüche innerhalb ihres eigenen Herrschaftssystems geschaffen:

Die nach wie vor elende Lage der afghanischen Bevölkerung sowie der fortgesetzte Terrorkrieg der USA, der sich nicht nur gegen die bewaffneten Kräfte, sondern oft auch gegen die – generell unter Verdacht stehende – Zivilbevölkerung richtet, führt insbesondere unter den Paschtunen zu einer zunehmend rebellischen Haltung. Die reorganisierten Taliban haben mit ihrem ehemaligen Gegner Gulbuddin Hekmatyar ein Bündnis geschlossen. In Form von klassischen Guerillaattacken gelingt es ihnen immer wieder, den im ganzen Land operierenden US-Truppen und der in Kabul stationierten „International Security Assistance Force" (ISAF) Verluste zuzufügen. Es ist denkbar, dass die US-Truppen vor allem in Südostafghanistan vom paschtunisch-islamistischen Maquis in einen ungewinnbaren jahrelangen „Krieg niedriger Intensität" verstrickt werden.

Der Einfluss der Rivalen Amerikas in der Region, Russland und Iran, wurde durch die Machtübernahme der Nordallianz gestärkt – paradoxerweise trotz der Tatsache, dass die Koalition der Minderheiten mit amerikanischer Luftunterstützung vorrückte und dass die US-Streitkräfte in der Folge ihre Präsenz etablieren konnten. Die Pandschiris des 2001 ermordeten Ahmed Shah Massoud, das politisch-militärische Rückgrat der Nordallianz, erhielten die 1990er Jahre hindurch aus Russland logistische Unterstützung. Diese intensivierte sich insbesondere, nachdem in Tadschikistan 1997 der Bürgerkrieg beendet und zwischen ehemaligen Kommunisten und Islamisten eine Regierung der nationalen Versöhnung gebildet worden war. Moskau, das in Tadschikistan nach wie vor Tausende Soldaten stationiert hält, empfand den Siegeszug der Taliban als akute Bedrohung und tat alles, um dem letzten ernst zu nehmenden Gegner der Taliban auf afghanischem Boden den Rücken zu stärken. Diese Umstände verhalfen Massoud dazu, als einziger afghanischer Warlord über reguläre und mechanisierte Truppen zu kommandieren. Teheran wiederum pflegt intensive Kontakte zu Ismael Khan, dem Herrscher über Herat, das stark von der persischen Kultur geprägte Zentrum Westafghanistans. Die Minderheit der schiitischen Hazara in Zentralafghanistan verbindet die gemeinsame Religion mit der Islamischen Republik Iran, die im überwiegend sunnitischen Afghanistan als Schutzmacht empfunden wird. Militärisch, politisch, wirtschaftlich und auch kulturell bestehen also feste Bande mit den in Washington ungeliebten Regionalmächten. Noch nie, selbst nicht unter dem prosowjetischen Regime in Kabul, gab es einen so stabilen Sperrriegel entlang des Hindukusch, der das russische „Nahe Ausland" gegen den Süden sicherte.

Amerikas Hauptverbündete und wesentliche staatliche Förderer des Islamismus, Pakistan und Saudi-Arabien, wurden nicht nur massiv geschwächt, sondern sind kaum mehr in der Lage, den jahrzehntelangen Spagat zwischen islamischer Rhetorik und US-treuer Politik fortzusetzen. Tendenziell ihrer islamischen Raison d'être beraubt, steht ihre staatliche Existenz auf wackeligen Beinen. „Warum ist bis jetzt noch niemand nach Riad geflogen, um Kronprinz Abdullah die fragile Natur seiner Macht zu erklären, so wie es Powell mit Musharraf tat?", fragte Reuel Marc Gerecht fordernd im Oktober 2002 im *Weekly Standard*.

Doch das bei weitem größte Problem für das amerikanische Imperium ist die Konfrontation mit der islamisch-arabischen Welt, zumal der Präventivkrieg als Krieg der Kulturen, als Kreuzzug einer fundamentalistischen protestantisch-zionistischen Gruppe geführt wird. Er treibt die Masse der islamischen Bevölkerung von Marokko bis Indonesien, die sich durch die kapitalistische Globalisierung in einer immer schwierigeren sozialen Situation befindet, zum politischen Islam, der damit zum Instrument der Selbstbestimmung und Selbstverteidigung wird und Identität schafft.

Der Kommunismus stellte für den universalistischen Amerikanismus eine universalistische Herausforderung dar, die die armen Volksmassen der Welt gegen das reiche Zentrum zu vereinigen drohte. Weder die Taliban noch Osama bin Laden verfügen über ein ähnliches Konzept oder über Fähigkeiten, die es ihnen erlauben würden, die Führung des Kampfes zu übernehmen, auch wenn sie zeitweilig Einfluss auf ihn nehmen mögen. Der gegenwärtige politische Islam hat die Schwäche, dass er der sozialen Frage oft bloß untergeordnete Bedeutung beimisst und sich vor allem nur jener Milliarde zuwendet, die ihre Identität im Islam findet – trotz des universalistischen Anspruchs. Doch der renommierte französische Islamwissenschaftler Olivier Roy irrt, wenn er meint, dass der Islamismus seine politische Unfähigkeit bewiesen und daher seinen Höhepunkt überschritten hätte. Jede Religion und jede Ideologie lässt sich transformieren, ja in ihr Gegenteil verkehren. So hat sowohl die mittelalterliche als auch die moderne islamische Geschichte krypto-kommunistische Bewegungen hervorgebracht, die sich an alle Armen ungeachtet ihres religiösen Bekenntnisses richteten und so den Weg zu ihrer Vereinigung ebneten – eine Entwicklung, zu der die heutige Konstellation abermals drängt.

Einerlei, ob der politische Islam sich selbst verändert oder ob er durch andere Widerstandsbewegungen abgelöst wird – die USA haben jedenfalls intuitiv sehr wohl verstanden, dass der Islamismus als Funke zur Entzündung jenes globalen Pulverfasses dienen könnte, das sie nicht zu entschärfen in der Lage sind. Das ist der rationale Kern sowohl ihres Präventivkrieges als auch ihres rasenden Hasses, mit dem sie das „Böse" verfolgen. Trotz des auf der erdrückenden militärischen Überlegenheit basierenden Allmachtsrausches fühlen die USA, dass ihr Imperium fragil ist. Es verliert an politisch-kultureller Hegemonie, die sich langfristig nur durch Überzeugung und nicht mit Gewalt herstellen lässt. Die fünf Milliarden vom westlichen Wohlstand Ausgeschlossenen erkennen das „Böse" zunehmend in den USA selbst – was fehlt und was die USA mit allen Mitteln zu verhindern suchen, ist der Zusammenschluss der armen und entrechteten Massen.

⑪ EUROPA IM WÜRGEGRIFF

Die Kontrolle über den alten Kontinent

Ende März, Anfang April 2003: Der französische Präsident Chirac und der deutsche Bundeskanzler Schröder gehören in der internationalen Öffentlichkeit zu den Gegnern der US-amerikanischen Aggression gegen den Irak. Szenenwechsel zeitgleich in das deutsche Spangdahlem: Ein F-117-A „Stealth" Jagdbomber hebt ab, um seine tödliche Fracht in den Irak zu befördern. Von der Rhein-Main-Airbase in der Nähe von Frankfurt aus operieren Tankflugzeuge, um Kampf- und Transportflugzeuge in der Luft aufzutanken. Wie schon in den Kriegen gegen Afghanistan und Jugoslawien wird aus Ramstein und aus Frankfurt Nachschub nonstop an die Front gebracht. Ramstein ist die wichtigste Basis der US-Air Force außerhalb der USA. Bei ihrer Rückkehr vom Golf fliegen die Transportmaschinen Verwundete in das US-Army-Spital in Landstuhl. Oft bringen die Flieger alte Bekannte, viele der im Irak eingesetzten Soldaten waren zuvor in Deutschland stationiert. Zu diesen Einheiten gehören die Erste Panzerdivision, die gemeinsam mit wichtigem Kriegsmaterial aus Kasernen in Bayern und Baden-Württemberg an den Golf verlegt wird. Eine andere ist die britische Erste Panzerdivision. Aber auch Kommandofunktionen befinden sich in Deutschland: Eine wesentliche Befehlszentrale der US-Streitkräfte auch für ihre Operationen gegen den Irak ist das „European Command" in Stuttgart. Über Jahre wurden von hier Angriffe auf die nördliche und südliche Flugverbotszone im Irak koordiniert.

Deutschland beschränkt sich aber nicht darauf, seinen Luftraum zu öffnen und die amerikanischen Militäroperationen auf seinem Boden nicht zu behindern. Soldaten der Luftwaffe dienen auf AWACS-Flugzeugen (luftgestützte Kommando- und Aufklärungsfunktionen) am Golf. Auf Bitte von Verteidigungsminister Donald Rumsfeld werden 3.800 zusätzliche Bundeswehrsoldaten zum Schutz der US-Basen abkommandiert, deutsche ABC-Abwehr steht in Kuwait und die deutsche Kriegsmarine gibt Geleitschutz für US-Transporte am Horn von Afrika. Wichtigste Unterstützungsleistung bildet jedoch die Vergrößerung des deutschen Truppenkontingents in Afghanistan, was Ressourcen der US-Streitkräfte für den Einsatz im Irak freimacht. Bereits sechs deutsche Soldaten bezahlten die „internationale Solidarität" der Bundesregierung mit ihrem Leben, zwei davon am 6. März 2003 bei der Entschärfung einer Rakete und weitere vier, als ihr Bus am 7. Juni 2003 von einer Bombe zerfetzt wurde. 29 weitere wurden zum Teil schwer verletzt. In Summe: Die deutsche Bundesregierung gehörte zwar zu den offiziellen Kriegsgegnern, dennoch wurde der Krieg gegen den Irak von deutschem Boden aus und mit deutscher Unterstützung geführt.

Die Europäische Union spielt eine zentrale Rolle für die politische und militärische Hegemonie der USA, kein Einsatz der US-Streitkräfte in den letzten Jahren wäre ohne die logistische Unterstützung von europäischem Boden aus möglich gewesen. Insgesamt sind 117.000 US-Soldaten in Europa stationiert, davon etwa 70.000 in Deutschland. (Die Zahlen gelten für den Fall, dass keine Einheit an einen internationalen Kriegsschauplatz verlegt wird.) Deutschland hat globale Bedeutung für den Einsatz der US-Kriegsmaschinerie, aber auch andere Basen sind wichtig – etwa die große Air-Force-Basis Aviano in Italien zur Kontrolle des Balkan und des Mittelmeers oder Souda Bay auf Kreta für das östliche Mittelmeer. Größere amerikanische Basen auf dem Gebiet der EU gibt es darüber hinaus in Großbritannien, Spanien, Grönland und den Niederlanden.

Seit den Balkankriegen 1994/95 wurde das amerikanische Stützpunktsystem in Europa weiter ausgebaut, neue Basen gibt es in Ungarn, Albanien und Mazedonien, Bulgarien wird bald folgen. Die mittlerweile größte Militärbasis außerhalb der USA ist Camp Bondsteel im Kosovo, der völkerrechtlich nach wie vor zu Serbien und Montenegro gehört. Dieser gigantische Komplex bietet Raum für 25.000 Soldaten und 55 Hubschrauber und verfügt über 25 Kilometer Straßen. Die neuen Basen dienen der strategischen Einschnürung Russlands sowie der Machtprojektion im Nahen Osten und sollen den Balkan notfalls mit militärischer Gewalt ruhig halten. Außerdem erlauben sie die Kontrolle wichtiger Rohstoffe. Camp Bondsteel liegt unmittelbar auf der geplanten Trasse einer Trans-Balkan-Pipeline, die Erdöl vom bulgarischen Schwarzmeerhafen Burgas an die Adria pumpen soll. Der Ausbau des Stützpunktnetzes findet aber nicht nur in Osteuropa statt. Obwohl US-Verteidigungsminister Donald Rumsfeld laut über die Verlegung amerikanischer Militäreinrichtungen von Deutschland nach Polen nachdachte, wird etwa die Air Base Spangdahlem weiter ausgebaut. Ab 2005 soll dort die Transportkapazität des Rhein-Main-Flugfeldes bei Frankfurt erreicht werden (Werner Biermann/Arno Klönne: The Big Stick. Imperiale Strategie und globaler Militarismus, Köln 2003).

Besondere Rücksicht auf Zivilbevölkerung und Umwelt darf von den US-Soldaten dabei keine erwartet werden. 2002 kam es zu einem Skandal auf Sardinien, als die drastisch erhöhte Krebsrate in der Nähe der umfangreichen Truppenübungsplätze der Insel auf den Einsatz von abgereichertem Uran zurückgeführt wurde. So sind etwa in der Ortschaft Quirra in der Nähe des Truppenübungsplatzes Capo San Lorenzo von 150 Einwohnern 13 an Krebs erkrankt. Abgereichertes Uran dient als panzerbrechende Munition, ist leicht radioaktiv, hoch giftig und wird in der Nato nur von britischen und US-amerikanischen Truppen verwendet (Sardinien, schön und giftig, in: Bruchlinien, Nr. 2, Juli 2002).

Einen ähnlichen Skandal lösten Anfang 2003 Berichte des *Corriere della Sera* aus, nachdem festgestellt wurde, dass die umfangreichen Munitionsbunker von Camp Darby in der Toskana äußerst baufällig wären. Es wäre ein Wunder, dass es zu keiner Katastrophe gekommen sei. Auf nationales Arbeitsrecht wird ebenfalls kein besonderer Wert gelegt. So erhält die linke italienische Gewerkschaft CGIL illegalerweise keine Möglichkeit, die Zivilangestellten der US-Basen zu vertreten, die sich beständig über miserable Arbeitsbedingungen beschweren (Il Manifesto, 18. 7. 2003.).

Die EU – Partner oder Rivale der USA?

Europa ist aber nicht nur Aufmarschgebiet und Logistikzentrum für US-Truppen. Viel allgemeiner kann gesagt werden, dass die unumschränkte amerikanische Hegemonialstellung nur auf Grund der fortgesetzten europäischen politischen, aber auch militärischen Unterstützung möglich ist. Droht der Weltmacht USA nun Gefahr von der europäischen Einigung? Die Geschichte lässt sich nicht vorhersehen, aber die Unterordnung unter die Wünsche des großen atlantischen Partners ist tief verankert. Sie ist das in Institutionen gegossene Ergebnis des Kräftemessens im Zweiten Weltkrieg. Analysiert man die politische Krise um den angloamerikanischen Feldzug gegen den Irak, dann bestätigen sich diese Annahmen, dass die EU einen integralen Bestandteil des amerikanischen Hegemonialsystems bildet.

Eingangs wurde beschrieben, wie sogar der offizielle Kriegsgegner Deutschland zu den amerikanischen Kriegsanstrengungen beitrug. Andere Mitglieds- und Kandidatenländer wie Großbritannien oder Polen nahmen entweder direkt am Krieg teil oder schickten danach Besatzungssoldaten. Eine tschechische Sanitätseinheit, italienische Carabinieri für Polizeiaufgaben sowie Bersaglieri – Elitesoldaten des italienischen Heeres – wurden in den Irak gesandt. Auch die Niederlande und Spanien setzten Soldaten in Marsch, weitere folgen.

Können sich die USA einer militärischen Unterstützung durch europäische Länder stets sicher sein, so gilt das noch viel mehr auf politischer Ebene. Seit dem Zweiten Weltkrieg gab es nur zwei größere Versuche einer von den USA unabhängigeren Politik in Europa: de Gaulles Frankreich in den 1960er Jahren und das wiedervereinigte Deutschland Anfang der 1990er Jahre. Charles de Gaulle versuchte eine eigenständige französische Einflusszone zu erhalten, die Regierung Helmut Kohl begann de facto im Alleingang (mit österreichischer Unterstützung) die Aggression gegen Jugoslawien. Beide Versuche scheiterten, beide erwiesen sich als zu schwach. Frankreich kehrte schrittweise bis 1995 in die Nato zurück und in Jugoslawien übernahm spätestens ab 1995 die amerikanische Militärmaschinerie das Kommando. Im neuen Jahrtausend starteten Frankreich und Deutschland einen gemeinsamen Versuch, wenn auch mit weniger Energie und ohne jede strategische Vision – und wieder erfolglos. Als sich Deutschland und Frankreich halbherzig gegen den Angriff auf den Irak positionierten, blieben sie relativ isoliert. Einzig Belgien unterstützte diese Haltung vollständig. Großbritannien, Spanien, Italien, fast alle osteuropäischen Kandidatenländer und, mit Abstrichen, auch die skandinavischen Staaten stimmten in das US-Kriegsgeheul ein. Eine gemeinsame EU-europäische Außenpolitik, die den USA eigene Stärke entgegensetzen möchte, ist somit unmöglich geworden. Der Irakkrieg hat bewiesen: Die Europäische Union ist entweder proamerikanisch oder sie kann nicht als politische Einheit funktionieren.

Die europäischen Außenminister haben diese Lektion gelernt. Im Juni 2003 beschlossen sie auf einer Konferenz in Luxemburg, die Verbreitung von „Massenvernichtungswaffen" notfalls mit militärischer Gewalt zu verhindern. „Massenvernichtungswaffen" sind zurzeit der beliebteste Vorwand der USA, um ein Land anzugreifen. Das war im Irak so und auch die kriegstreiberische Rhetorik gegen Teheran hat dessen angebliches Atomprogramm im Zentrum. Die EU-Außenminister betonten zwar, dass militärische Aktionen im Auftrag der UNO stattfinden sollten, das müsse aber nicht sein. Denn die Zustimmung des Sicherheitsrates ist nicht notwendig, er soll bloß eine „zentrale Rolle" spielen. Das Einschwenken auf die amerikanische Linie wurde Ende Juni 2003 beim EU-Gipfel in Thessaloniki und beim europäisch-amerikanischen Gipfel im selben Monat bestätigt. Die in Aufbau befindliche Euro-Armee kann also durchaus am nächsten US-Aggressionskrieg teilnehmen.

Diese Entwicklungen sind keineswegs zufällig. Die pro-amerikanische Haltung liegt im politisch-genetischen Code der Europäischen Union begründet, denn entscheidend für die Entwicklung der europäischen Einheit waren die Kräfteverhältnisse nach dem Zweiten Weltkrieg. Die USA wollten der Sowjetunion ein stabiles Bündnissystem entgegensetzen und die starken Kommunistischen Parteien Frankreichs und Italiens neutralisieren. Außerdem herrschte das Prinzip der offenen Märkte, denn unmittelbar nach dem Zweiten Weltkrieg drohte der US-amerikanischen Industrie eine Überproduktionskrise. Die europäische Einigung war niemals als eigenständiges und unabhängiges Projekt gedacht, Europa bloß Stütze der amerikanischen Supermacht im Kalten Krieg. Druckmittel der USA für die Umsetzung dieser Politik war der Marschallplan, der wirtschaftliche Unterstützung an politisches Wohlverhalten band, aber mehr noch der Antikommunismus der herrschenden Eliten. Im Großen und Ganzen begab sich die westeuropäische Bourgeoisie gerne und freiwillig unter den Schirm der USA.

Die einzige nennenswerte Strömung des europäischen Bürgertums, die nach dem Zweiten Weltkrieg auf die eigene Unabhängigkeit von den USA bedacht war, formierte sich um den Gaullismus. Von de Gaulle stammt der Satz: „Ich jedenfalls will Europa, damit es europäisch und nicht amerikanisch sei" (zit. in: Bernard Cassen, Wo endet Europa. Vertiefung, Erweiterung oder Schwächung, in: Le Monde diplomatique, 17. 1. 2003). Und es ist bezeichnend, dass sich der Gaullismus der europäischen Einigung gegenüber anfangs skeptisch zeigte. Die von der EU-Propaganda als „Gründungsväter" gehandelten Politiker, etwa Alcide de Gasperi oder Konrad Adenauer, bekannten sich als glühende Atlantiker.

Das Gladio-Netzwerk

Die US-Hegemonie in Europa stand niemals ernsthaft in Frage (zumindest im Westen des Kontinents). Dennoch war sie immer auch militärisch gepanzert. Eine eigenständige Entwicklung eines Landes oder das Erstarken einer linken Alternative zur herrschenden Politik sollte notfalls mit Gewalt verhindert werden. Es ist tatsächlich bemerkenswert: Die USA, in Europa oft als Sendbote von Demokratie und Rechtsstaatlichkeit gehandelt, begannen gleich nach dem Zweiten Weltkrieg in ganz Europa mit dem Aufbau eines Netzwerkes von Geheimdiensten, konservativen Militärs, rechtsradikalen Organisationen und Terrorgruppen. Form und Bedeutung dieser Operation waren von Land zu Land unterschiedlich, aber der politische Inhalt war immer der gleiche: Auf der Grundlage des gemeinsamen Antikommunismus und der unbedingten Bündnistreue zur Nato bediente sich die CIA der Nachfolger des europäischen Faschismus und Rechtsextremismus vor 1945.

Griechenland gab das erste Beispiel ab. Dort begann die Nachkriegszeit schon mitten im Zweiten Weltkrieg. Als die einmarschierenden Briten ihre Absicht erklärten, die von der Kommunistischen Partei (KKE) dominierte Widerstandsbewegung EAM unter allen Umständen von der Macht fern halten zu wollen, begann im Dezember 1944 der griechische Bürgerkrieg. Auf der einen Seite kämpften die Partisanen des griechischen Widerstandes, auf der anderen Seite die alliierten Truppen und die Royalisten – der größte Teil dieser rechtsradikalen Strömung hatte noch vor kurzem mit den Deutschen kollaboriert. Als Ende der 1940er Jahre der Bürgerkrieg entschieden war, hatten die USA die Stellung der Briten übernommen, die Partisanen waren zerschlagen und der Rechtsextremismus hatte sich in Armee und Staatsapparat festgesetzt. Ein Umstand, der in Washington durchaus willkommen war: Als der Sozialdemokrat Andreas Papandreou und der konservative Regierungschef Kanellopoulos Griechenland Mitte der 1960er Jahre zwar nicht in den Kommunismus, aber zu normalisierten diplomatischen Beziehungen mit seinen Nachbarn führen wollten, schrillten in Washington die Alarmglocken: Griechenland könnte sich dem US-amerikanischen Einfluss entziehen. 1967 kam es zum Staatsstreich. Der Führer der Putschisten, der Geheimdienst-Oberst Georgios Papadopoulos, befand sich auf der Gehaltsliste der CIA. In der Folge des Putsches wurden Tausende Linke, Demokraten und Kommunisten gefoltert und ermordet. Griechenland diente später als Vorbild für den ebenfalls von der CIA organisierten Staatsstreich in Chile (siehe etwa: Heinz Richter: Griechenland zwischen Revolution und Konterrevolution, Frankfurt am Main 1973; Günther Neuberger/Michael Opperskalski: CIA in Westeuropa, Göttingen 1982).

Der Putschist Georgios Papadopoulos war Mitglied einer geheimen, allgemein als „Gladio" bekannten und von der CIA gesteuerten Nato-Truppe. Offiziell sollte sie zum Guerillakampf für den Fall einer Niederlage der Nato in einem möglichen Krieg mit der Sowjetunion dienen, tatsächlich fungierte sie oft als Bindeglied zwischen der CIA und den diversen rechtsextremen Formationen. Gladio war für die Drecksarbeit zuständig, sollte Washington seinen Einfluss in Gefahr sehen und auf autoritäre Lösungen zurückgreifen müssen bzw. wollen.

Der Name „Gladio" stammt vom italienischen Ableger dieser Organisation, dessen Bekanntwerden 1990 einen Skandal verursachte. Allein der Name ist Bekenntnis zum faschistischen Rechtsextremismus, denn das römische Kurzschwert war eines der wichtigsten Symbole des italienischen Faschismus. Von den 1960er bis in die 1980er Jahre war Gladio ein wesentlicher Teil der „Strategie der Spannung", mit der die CIA im Verbund mit der autoritären Rechten und Teilen des Militärs die KP von der Macht fern halten konnte. Ziel war weiters, eine „chilenische Lösung" der angespannten innenpolitischen Situation herbeizuführen, also eine Militärdiktatur. Eine Unzahl von Anschlägen sollte dafür das Feld bereiten.

Es waren die Jahre des schwarzen Terrorismus, als die italienischen Neofaschisten mit Unterstützung der CIA eine Blutspur durch das Land zogen. Oft wurde direkt Sprengstoff aus Nato-Depots verwendet. Tatsächlich gab es auch eine Reihe gescheiterter Putschvorbereitungen. Einer dieser Versuche wurde vom Carabinieri-General Valerio Borghese geführt, der bereits in den letzten Tagen des italienischen Faschismus eine Eliteeinheit kommandiert hatte. Wegen Kriegsverbrechen war er im Gefängnis gesessen (Genickschusserlass gegen Partisanen), auf Intervention der Amerikaner aber wieder freigekommen (siehe dazu: Giovanni Maria Bellu/Giuseppe D'Avanzo: I Giorni di Gladio, Milano 1991).

Die Gladio-Strukturen blieben nicht auf Italien beschränkt. In der Türkei wird die Geheimtruppe etwa für das Massaker auf der Ersten-Mai-Demonstration 1977 verantwortlich gemacht, bei der 38 Menschen ermordet wurden. Die Gladio-Mitglieder rekrutierten sich vorwiegend aus den Reihen der rechtsextremen „Grauen Wölfe". Ebenso wenig Zweifel gibt es an der Verwicklung der USA in den türkischen Militärputsch 1980, der für Tausende Oppositionelle Tod oder Gefängnis bedeutete. Ableger von Gladio waren in fast allen europäischen Ländern zu finden, wenn sie auch nicht die Bedeutung der italienischen oder türkischen Gruppierung erreichten (Leo Müller: Gladio – das Erbe des kalten Krieges, Hamburg 1991). Die CIA leitete mit Gladio die größte europäische Terrororganisation seit dem Zweiten Weltkrieg.

Aber die illegalen, terroristischen und antidemokratischen Aktivitäten der CIA geschahen stets in Zusammenarbeit mit dem jeweiligen politischen Establishment. Gladio-Gruppen unterstanden keiner parlamentarischen Kontrolle, aber ihre Existenz war den jeweiligen Regierungen bekannt. Die extralegalen Tätigkeiten stellten somit wenigsten für einen großen Teil des Staatsapparates eine willkommene Absicherung der europäischen Eliten gegen die Linke dar.

Die zivilisatorische Rettung durch Europa?

Angesichts der amerikanischen Abkehr vom Clintonianismus und des offenen imperialen Anspruchs sowie der Bereitschaft, diesen mit Gewalt und Krieg durchzusetzen, hoffen viele europäische Linksintellektuelle wie der Philosoph Jürgen Habermas, der Schriftsteller Robert Menasse oder auch der österreichische Grünpolitiker Peter Pilz auf die Europäische Union als aufgeklärte Alternative. Entsteht in Form der EU ein Gegenentwurf zum US-Imperium? Wir wagen das zu bezweifeln. Die europäischen Eliten sind in das amerikanische Herrschaftsmodell eingebunden und vollziehen dessen Veränderungen nach: Die Vorläufer der EU sind unter amerikanischem Einfluss zustande gekommen. Europäische Konzerne profitieren von der Stärke der US-Armee, wenn es darum geht, die Profite aus der Dritten Welt zu sichern. Außenpolitisch setzt sich die EU kaum von den amerikanischen Aggressionskriegen ab – sie ist weder in der Lage noch wirklich bereit dazu. Entdemokratisierung und Angriff auf die Bürgerrechte sind keine amerikanische Eigenart: Mit der Hetze gegen Moslems in Großbritannien oder Italien oder der Einführung der „Schwarzen Liste" terroristischer Organisationen folgt man der US-Führung. In der Wirtschaftspolitik verhält man sich päpstlicher als der Papst: So werden etwa die einzig auf Geldwertstabilität gerichteten Konzepte der „Chicago Boys" (und der damit verbundene Sozialabbau) rigoroser umgesetzt als in den USA selbst. Es gibt nicht einmal den Versuch, der amerikanischen Konsumideologie und Hollywoods alles durchdringender kultureller Uniformierung etwas entgegenzusetzen.

Natürlich ist die Geschichte nicht vorhersagbar. Wenn auch die Kräfteverhältnisse für ein solches unabhängiges europäisches Unternehmen sehr ungünstig sind, kann doch nicht ausgeschlossen werden, dass es Deutschland im Bündnis mit Frankreich gelingt, die USA als wirkliche Hegemonialmacht der Europäischen Union abzulösen. Das Resultat muss aber noch lange kein Gegenentwurf sein, vielmehr droht es in vielerlei Hinsicht eine Kopie des amerikanischen Imperiums zu werden.

⑫ DER AMERIKANISMUS

Die Zersetzung der Vernunft

Der universalistische Anspruch der USA wurzelt tief in ihrer Geschichte. Schon Benjamin Franklin behauptete: „Das Anliegen der Vereinigten Staaten von Amerika ist das Anliegen der Menschheit." Das mag damals gut gemeint gewesen sein. Auch heute tritt der autoritäre Alleinvertretungsanspruch der USA auf die menschheitlichen Geschicke mit dem Habitus des Weltsamariters in Aktion.

Die USA sind auf Grund der Kontrolle, die sie über die internationalen Finanzmärkte ausüben, und wegen des Dollars als Leitwährung mehr als eine Großmacht, sie verkörpern ein internationales System. Daraus ergibt sich logisch ihr universeller Anspruch. Die USA sind aber auch ein Nationalstaat wie viele andere, wenn auch der mächtigste unter allen. Die Reichsidee, die sie aus ihrer Übermacht entwickeln, widerspricht allen modernen konsensualen Vorstellungen internationaler Beziehungen.

Monopolisierter Universalismus

Der deutsche Philosoph Bernhard H. F. Taureck fasste in der Zeitschrift *Marxistische Erneuerung* (Nr. 52, Dezember 2002) die Rolle der Vereinigten Staaten, die in ihrem Namen von Beginn an einen ganzen Kontinent in Anspruch nahmen, in den Begriff des „monopolisierten Universalismus". Er weiß um die Paradoxie dieses Begriffes: „Universalismus und Unterwerfung der anderen, ist das nicht ein hölzernes Eisen? Im Bereich von Ethik und Moral zweifellos. Denn Universalismus meint hier ja die Forderung gleicher Rechte und Pflichten für alle Menschen unabhängig von der Lage, in der sie sich befinden. Damit ist ein Zwang gegen sie nicht vereinbar" (S. 101). Als imperiales Programm ist ein von einer Nation monopolisierter Universalismus aber vorstellbar und ideologisch – wie man weiß – auch vermittelbar: durch die Darstellung herrschender Interessen als Interessen der Allgemeinheit, das heißt: der Weltgemeinschaft.

Im Papier „Nationale Sicherheitsstrategie der Vereinigten Staaten von Amerika" (Weißes Haus, September 2002) wurde das Anliegen der USA zum Anliegen der Menschheit. In dem von ihm unterzeichneten Vorwort ließ George W. Bush schreiben: „Die großen Kämpfe des 20. Jahrhunderts zwischen Freiheit und Totalitarismus endeten mit dem endgültigen Sieg der Freiheit und einem einfach anwendbaren Modell des nationalen Erfolgs: Freiheit, Demokratie und freies Unternehmertum [...]. Überall auf der Welt wollen die Menschen frei sprechen, wählen, wer sie regieren soll, die Gottheiten anbeten, an die sie glauben, ihren Kindern – männlichen wie weiblichen – eine gute Bildung zuteil werden lassen, Eigentum besitzen und die Früchte ihrer Arbeit genießen." Die Botschaft ist zwar nicht ganz so egalitär wie die im „Manifest der Kommunistischen Partei" enthaltene. Dafür aber – in der kühnen Verbindung von Egalitarismus und freiem Unternehmertum – umso utopischer.

Im Neokonservativismus findet der US-Hegemonismus seinen konzentriertesten Ausdruck. Er postuliert unverblümt – das heißt: nicht multilateralistisch verbrämt wie in der Clinton-Ära – die absolute Führungsrolle der Vereinigten Staaten. In der programmatischen Erklärung der das „Project for the New American Century" tragenden Personen heißt es: „Die amerikanische Außen- und Verteidigungspolitik hat den Boden unter den Füßen verloren. Konservative haben die inkohärente Politik der Clinton-Administration wiederholt kritisiert. Sie haben sich auch erfolgreich gegen isolationistische Tendenzen in ihren eigenen Reihen gewehrt. Aber Konservative haben sich bisher noch nicht daran gemacht, selbstbewusst eine strategische Vision für Amerikas Rolle in der Welt vorzulegen. [...] Unser Ziel ist es, das zu ändern. Unser Ziel ist es, Amerikas globale Führungsrolle zu begründen und dafür Unterstützung zu mobilisieren" (http://newamericancentury.org).

Neben den bekannten Hardlinern wie Elliot Abrams, Dick Cheney, Norman Podhoretz, Donald Rumsfeld und Paul Wolfowitz unterzeichnete auch Francis Fukuyama das 1997 angefertigte Papier. Offenbar traut der Konservative im liberalen Schafspelz seiner Theorie vom Ende der Geschichte selbst nicht so ganz. Jedenfalls bewegt sich die Posthistorie nicht im Selbstlauf, sondern bedarf eines imperialistischen Aktionsprogramms, das es in einem solchen Totalitätsanspruch noch nie zuvor gegeben hat.

Der unendliche Krieg

Was die Bushisten an der These vom Ende der Geschichte so fasziniert, ist ihre ultimative Aussage. Als Sachwalter des Endgültigen fühlen sie sich zu immer neuen Kriegen legitimiert, die den endgültigen Sieg stets aufs Neue zu bestätigen haben. Das Ende der Geschichte als eine unendliche Kriegsgeschichte.

Der entfesselte Kapitalismus ist eine Quelle ständiger Instabilität. Die innere Aggressivität auszuleben und sie gleichzeitig als Ordnungsprinzip zu fixieren erfordert eine konkurrenzlose militärische Stärke. Diesen Zustand haben die USA hergestellt. Auch im Verhältnis zu ihren imperialistischen Mitbewerbern.

Getäuscht sahen sich jene, die geglaubt hatten, dass der Sieg über den Kommunismus die amerikanische Führungsrolle in der westlichen Allianz relativiert hätte – vor allem die Deutschen, die sich schon als US-Partner in leadership gewähnt hatten und auf dem Balkan ihre Großmachtrolle neu konstituieren wollten, aber sehr bald aber auf den Boden der Tatsachen zurückgeholt wurden. Auch wenn die Clinton-Administration eine multilaterale Atmosphäre vermittelte, wurde damals schon deutlich, dass die USA die Neue Weltordnung als ihre ureigenste Ordnung, als Pax Americana begreifen. Es war Bill Clinton, der sagte, die Vereinigten Staaten von Amerika seien „die einzig unverzichtbare Nation der Welt".

Auch die Bildung des Begriffs „Schurkenstaaten" ist eine intellektuelle Errungenschaft aus der Clinton-Ära. Deutlicher kann die Rolle eines Weltpolizisten, der die Straffälligen unter den Nationen gnadenlos verfolgt und aus der Völkergemeinschaft entfernt, nicht in Anspruch genommen werden. Die Bushmänner entwickelten daraus nach dem 11. September 2001 die Doktrin der permanenten Präventivkriege. Das sind Kriege ohne Kriegserklärung, die sich aus dem Gewaltmonopol einer Seite, der Nato oder der USA direkt, ergeben und den Eindruck einer polizeilichen Strafverfolgung vermitteln. Je asymmetrischer ein solcher Krieg ist, desto mehr erscheint er in sich selbst legitimiert.

Michael Leeden, der für das American Enterprise Institute (AEI) arbeitet, brachte den Sadismus der politischen Klasse in den USA auf die ordinäre Formel: „Die Vereinigten Staaten müssen sich alle zehn Jahre irgendein kleines beschissenes Land vornehmen und es platt machen, damit die Welt versteht, dass mit uns nicht zu spaßen ist" (zit. nach Jonah Goldberg, in: National Review Online, 23. 4. 2002).

In der Nationalen Sicherheitsstrategie wird auf Seite 4 die Auffassung vertreten, dass nach dem Sieg von „Freiheit und Gleichheit" über die „destruktiven totalitären Visionen" die Gefahr weniger von den starken, auf Eroberung konditionierten Staaten ausgehe, sondern von den schwachen, von den Verbitterten unter den Nationen. Das macht das „Recht des Stärkeren" zu einem hochmoralischen Gebot. Dieses Recht, so der amerikanische Justizminister John Ashcroft, sei Amerika nicht von irgendeiner Regierung oder irgendeinem Dokument, sondern von Gott verliehen worden. Eine solche Selbstermächtigung als göttliche Institution auf Erden hat bisher noch keines der großen Reiche gewagt.

Im Strategie-Papier findet sich auch der Begriff „Amerikanischer Internationalismus". Das ist der erste Fall eines Internationalismus mit nationalem Antlitz. Im „National Security Strategy"- Papier heißt es: „Wir werden daran arbeiten, die Gunst des Augenblicks in Jahrzehnte des Friedens, des Wohlstands und der Freiheit zu überführen."

Die Segnungen der amerikanischen Zivilisation als Angebot an die ganze Welt. Das klingt fast weltrevolutionär. „An alle, an alle", begann das erste Dekret der Sowjetmacht im Oktober 1917, in dem sie den Austritt Russlands aus dem imperialistischen Krieg erklärte. In der Friedenssehnsucht der Massen sahen die Bolschewiki den entscheidenden Impuls zur sozialen Revolution, in der Vereinigung der Proletarier aller Länder die Negation der sich aus dem Kapitalverhältnis ergebenden kriegerischen Konkurrenz. Frieden und Arbeit als Synonyme. In einer Weltgesellschaft, in der die Arbeit als menschliches Schöpfertum und nicht mehr als Ausbeutungsobjekt in Erscheinung tritt, sollte der Krieg für immer gebannt sein.

Auch die Redenschreiber des Weißen Hauses verheißen eine friedvolle Welt, sobald die Grundwerte der westlichen Zivilisation, die Dreifaltigkeit von Freiheit, Demokratie und freiem Unternehmertum, weltweit Anerkennung finden. Dann wären Arbeit und Schulbildung und die freie Entwicklung eines jeden garantiert.

Die marxistische Zukunftsvision beruht auf der klassenlosen Gesellschaft. Sie ist in ihrem Wesen universalistisch und internationalistisch, da sie die globale Emanzipation der ausgebeuteten Klassen als Grundbedingung der allgemein-menschlichen Emanzipation voraussetzt. Der Sozialismus/Kommunismus kann seinem inneren Wesen nach kein nationales Projekt sein, auch wenn der erste Versuch seiner Realisierung im nationalstaatlichen Rahmen erfolgte. Ironischerweise zerbrach der sozialistische Universalismus – in seiner isolierten, quasi autarken Verlaufsform – an der Universalität des kapitalistischen Weltmarktes. Der Markt ist universell. Doch seine Akteure und die sie treibenden Interessen sind es nicht. Die Funktionäre der Profitmaximierung haben zwar das System der Kapitalakkumulation bis in den letzten Erdenwinkel getragen, doch sie verfolgen keine universellen Interessen, keine Menschheitsinteressen.

Das geltende Völkerrecht, das von der Existenz (formal) gleichberechtigter Staaten ausgeht, weicht dem „Naturrecht" des Sozialdarwinismus. „Und wer schreibt das Recht?", fragt Josef Joffe in der *Zeit* (2. April 2003). „Die Staaten", antwortet er, um diese bereits im nächsten Satz krass zu dezimieren: „Nicht die Saddam Husseins und Kim Jong Ils, sondern die üblichen Verdächtigen, jene Groß- und Mittelmächte, die nicht bloß Interessen haben, sondern auch Verantwortung tragen. Wo die zu finden sind? Hauptsächlich in dem Teil der Welt, den wir den Westen nennen."

So liest sich ein *Zeit*-geistiges Plädoyer für die Unterordnung der Herden- unter die Herrenvölker. Für das Recht auf Weltherrschaft jener Mächte, die nicht bloß Interessen haben, sondern auch Verantwortung tragen und sich damit auch im Besitz einer „höheren Moral" wähnen dürfen, womit Joffe die Rechtmäßigkeit des Jugoslawien-Krieges erklärt. Illegale Selbstermächtigung heißt ab jetzt „Übernahme von Verantwortung". Interessen der Global Players leiten sich aus einer höheren Moral ab, während die Habenichtse nur ihren schnöden Interessen folgen, die sich aus dem Kampf ums tägliche Überleben ergeben. Dem sozialen Zynismus sind keine Grenzen mehr gesetzt.

Nord-Süd-Konflikt

Seit Beginn des Kalten Krieges definieren sich die Vereinigten Staaten im Konsens mit den bürgerlichen Demokratien der entwickelten Länder als Führungsmacht der „freien Welt" und der Demokratie. Nach dem Sieg über das „System der Unfreiheit" musste die amerikanische Führerschaft über Freiheit und Demokratie neu begründet werden. Im ersten Irak-Krieg profilierten sich die USA erstmals als Führungsmacht der Nordstaaten gegen die Südstaaten. Doch anders als im amerikanischen Bürgerkrieg stehen die zeitgenössischen Yankees nicht für die Abschaffung der Sklaverei, sondern für die ökonomische und militärische Unterwerfung der unterprivilegierten Milliardenmassen. Die zweite imperialistische Strafexpedition gegen ein sich dem neoliberalen Dogma verweigerndes Land erfolgte in Jugoslawien. Sie bildete gleichzeitig das rituelle Ende des Ost-West-Konfliktes. So ganz friedlich durfte sich das realsozialistische „Reich des Bösen" nicht aus der Geschichte verabschieden. Das „restsozialistische" Restjugoslawien bezog die Prügel, die den Kräften der Selbstdemontage in der Sowjetunion und Ost-Mitteleuropa erspart blieben. In der Person von Slobodan Milošević metamorphosierte das alte kommunistische zum neuen nationalistischen Feindbild.

Die USA haben sich als das einzige für das imperialistische Gesamtsystem unverzichtbare Land bestätigt. Die Propheten der amerikanischen Endzeit bedienen sich einer entsprechend ultimativen Rhetorik: „Wir werden eine auf dem Recht beruhende Welt aufbauen oder wir werden in einer Welt des Zwanges leben", nennt George W. Bush in seinem Vorwort zum Strategiepapier die Alternativen. Rosa Luxemburg nannte die Wahl, vor der die Menschheit steht, „Sozialismus oder Barbarei" – die Geschichte des gescheiterten Sozialismusversuches ist die tragische Bestätigung ihrer These. Für Leo Trotzki lauteten die beiden Optionen: „Permanente Revolution oder permanente Schlächterei – das ist der Kampf, bei dem das Schicksal der Menschheit als Einsatz dient." Auch ihm war beschieden, dass sich der nicht gewünschte Teil seiner Prognose bewahrheitete.

Die Bushisten sorgen gleich von Anfang an dafür, dass sich nicht ihre positiven Verheißungen realisieren, sondern die Androhung des Gegenteils. Sie setzen das Völkerrecht als positives Recht außer Kraft und zwingen die abhängigen Staaten unter das Zwangsregime der entfesselten Marktkräfte. Im Namen eines Menschenrechtsregimes, das es durchzusetzen gelte, werden die Nationen an den Peripherien auch noch des letzten Rechtsschutzes beraubt, den ihnen das Völkerrecht gewährt. Die Rechtsausleger agieren als die einzig berufenen Rechtausleger.

Die Umkehr der Werte fand im Faschismus, speziell im deutschen, ihren offenen, drastischen Ausdruck. Aufklärung, Humanismus, Liberalismus, Demokratie und speziell der Sozialismus galten als Ideologien der Schwachen. Die Ideologie des deutschen Expansionismus war nicht zur Verbreitung bestimmt. Germanisches Herrenmenschentum wollte seine „Ideale" nicht um die Welt tragen, auf dass alle Menschen an den Segnungen der deutschen Zivilisation teilhaben könnten. Die Hitleristen verkündeten Tod und Verderben. Sie waren mörderische Nihilisten. Das Symbol der Hitler'schen Sturmstaffeln war der Totenkopf.

In der amerikanischen Ideologie findet die direkte Negation humanistischer Werte nicht statt. Die Umkehr der Werte erfolgt über ihre Korrumpierung, ihre Subsumierung unter die fundamentalistische Marktideologie. Wie die Völker unterliegen auch allgemein-zivilisatorische Werte, selbst die klassisch-bürgerlichen, imperialistischer Fremdbestimmung. Die Aufklärung wird am Fortschritt der Gentechnologie bemessen. Der Humanismus äußert sich in einem „Menschenrechtsregime", dessen Dissidenten in Guantánamo zu Vierbeinern dressiert werden. Der Liberalismus neuer Prägung ist die Freiheit der Global Players, Volkswirtschaften in den Ruin und den marginalisierten Großteil der Erdbevölkerung in die größte Existenzkrise der modernen Geschichte zu treiben. Das Verhältnis zwischen Liberalismus und Demokratismus war nie ein komplementäres, inzwischen ist es ein antagonistisches.

Die schlimmste semantische Manipulation musste die Demokratie über sich ergehen lassen. Sie erscheint als Gegenmodell zum Recht der Völker auf eine selbstbestimmte Entwicklung. Seine bösartige Ironie erhält das gegenwärtige amerikanische Demokratiebeschaffungsprogramm für die ganze Welt aber durch die allgemeine Krise der bürgerlichen Demokratie, insbesondere in den USA selbst.

Das neoliberale Dogma suggeriert die Einheit von Demokratie und Marktwirtschaft, von freiem Spiel der Marktkräfte und

Mehrparteiensystem. Stabile Demokratien, wohin der Blick sich auch wendet, scheinen den Herren der Welt ein politisch korrektes Anliegen zu sein. In Wirklichkeit zerstört das System neokolonialer Abhängigkeiten alle Voraussetzungen für eine soziale und demokratische Entwicklung. Der kanadische Ökonom und Globalisierungsgegner Michel Chossudovsky schreibt in seinem Buch „Global brutal": „Obwohl im Namen von Demokratie und der so genannten 'guten Regierungsführung' betrieben, erfordern die Strukturanpassungsprogramme tatsächlich die Stärkung der inneren Sicherheitsapparate und militärischen Nachrichtendienste in den betroffenen Ländern. Politische Repression geht – mit dem geheimen Einverständnis der Eliten der Dritten Welt – Hand in Hand mit 'ökonomischer Repression'" (S. 41). Strukturanpassung ist ein Euphemismus und steht für strenge Haushaltsdisziplin, Währungsabwertung, Handelsliberalisierung und Privatisierung. Strukturanpassungsprogramme waren das „shock and awe" für die Ökonomien des früheren Ostblocks. In den entwickelten kapitalistischen Ländern bedeuten sie die Demontage des Wohlfahrtsstaates, in den unterentwickelten Ländern ökonomische und soziale Verheerungen, den Verlust der wirtschaftlichen Souveränität und damit verbunden die Erosion der Staatlichkeit.

Der staatliche Zerfall in den Elendsregionen wird vom Imperator dann auch noch lautstark beklagt. Die schwachen Staaten gelten laut Bush-Doktrin als Irrläufer und als Quelle des Terrorismus. Sie sollen diszipliniert werden. Das Disziplinierungsprogramm verläuft unter dem Codenamen „Demokratisierung". Nachdem alle demokratischen Entwicklungsmöglichkeiten in den vom Hegemonialkartell unterworfenen Ländern zuverlässig blockiert sind, wird aufdringlich das Produkt Demokratie feilgeboten.

Demokratie – made in USA

Das ist freilich nicht bloß eine dreiste ideologische Manipulation. Die autoritäre Demokratieverordnung ist tatsächlich ernst gemeint. Offen autokratische, auf traditionellen Oligarchien mit halbfeudaler Mentalität beruhende Regimes haben sich in vielerlei Hinsicht als Globalisierungshindernisse herausgestellt. Ein noch wesentlich größeres Ärgernis der monetaristischen Weltzentrale waren und sind Diktaturen wie die Saddam Husseins, die eine staatskapitalistische, relativ eigenständige Modernisierung anstreben. Die hegemonistische Strategie der Demokratisierungs-Offensive besteht darin, den Amerikanismus in den abhängigen Gesellschaften fest und dauerhaft zu verwurzeln. Das ist mit autokratischen Statthalterregimes, die von der gesellschaftlichen Basis völlig abgehoben sind, nicht mehr zu bewerkstelligen. Dazu bedarf es des Rückhalts in jenen Schichten, die vom Establishment der Anti-Globalisierungs-Bewegung die Zivilgesellschaft genannt werden. Im Irak soll die Probe aufs Exempel statuiert werden. Dort nimmt sich die Zivilgesellschaft vorerst noch wie ein Witz aus. Doch es gibt eine Kraft, die alle Attribute der Zivilgesellschaft auf sich zieht: die Kommunistische Partei des Irak, zivilisiert, aufgeklärt, modern, verwestlicht, pazifistisch, moderat, säkular, nicht nationalistisch, nicht antiimperialistisch und – welch eindrucksvolle Bestätigung des pluralistischen Charakters der US-Demokratie im Irak – „kommunistisch". Die Stars and Stripes der Okkupanten wehen neben roten Fahnen einer einstmals antiimperialistischen Partei. Kommunistische Kader als Blockwarte der US-Fremdherrschaft.

Das amerikanische Modell für die Welt ist auch in den abhängigen Ländern nicht ohne Attraktivität. Denn es verheißt das Ende überkommener Verhältnisse, die Chancen auf einen Neubeginn. Chancen für alle. Doch die Globalisierung des amerikanischen Mythos gerät unweigerlich in Widerspruch zu sich selbst. Die Starke der USA ist die Schwäche der Weltgemeinschaft. Nicht aus dem blinden Treiben der Kräfte, auch nicht der Marktkräfte, die sich als beliebig manipulierbar erweisen, ergab sich die drückende Überlegenheit der Nr. 1 aller Zeiten, sondern aus der machtpolitischen Durchsetzung des Primats der Ökonomie über die Politik, die die „Globalisierung der Armut" (Chossudovsky) bewusst ins Kalkül zog.

Das wird sich durch die Installierung „stabiler Demokratien" rund um den Erdball nicht aus der Welt schaffen lassen. Das weiß man auch in Washington. Die Demokratie-Luftbrücken sind eine militaristische Veranstaltung. Die Übernahme der Demokratie „made in USA" setzt die freiwillige oder unfreiwillige Unterwerfung voraus. Der wirkliche Inhalt des Demokratie-Mogelpakets ist die präventive Aufstandsbekämpfung in Permanenz.

„Der Krieg ist gewissermaßen das multilaterale Investitions-
abkommen der letzten Instanz", schreibt Michel Chossudovsky.
„Er zerstört psychisch, was durch Deregulierung, Privatisierung
und die Erzwingung von 'Marktreformen' noch nicht zerstört
wurde" (Global brutal, S. 34). Und nachdem wieder einmal ein
Nationalstaat zerstört ist, wird „nation building" betrieben.

Verkehrter Antifaschismus

Der ungarische marxistische Philosoph Georg Lukács schrieb im
Nachwort zu seiner 1954 veröffentlichten Schrift „Die Zerstörung der Vernunft", dass die USA als „führende Macht der imperialistischen Reaktion" die Stelle des faschistischen Deutschland
eingenommen hätten. Er sieht in der amerikanischen Ideologie
die Fortsetzung der Zerstörung der Vernunft. „Der 'Kreuzzug'
gegen den Kommunismus, das führende Motiv der Hitlerpropa-
ganda, wird immer energischer von 'demokratischer' Seite aufgenommen." Die Totalitarismustheorie, die Gleichsetzung von
Faschismus und Kommunismus, identifiziert Lukács als den nun
demokratisch legitimierten „Antibolschewismus" der neuen Kreuz-
ritter. „Um den Kommunismus politisch wirksam zu bekämpfen,
muß die 'Demokratie' sich mit den deutschen Überresten des
Nazismus (mit Hjalmar Schacht, mit Krupp, mit der Generalität
Hitlers) sowie mit Franco usw. usw. intim verbünden. Die 'anti-
totalitaristische' Ideologie nimmt immer ausgeprägtere faschistische Züge an" (Georg Lukács, Band III: Die Zerstörung der Vernunft, S. 198).

Nach dem Ende der Sowjetunion war eine Wiederholung der
geschichtlichen Situation, wie sie vor 1917 bestanden hatte, theoretisch zwar denkbar, realpolitisch aber ausgeschlossen. Mit dem
„Sieg über den Kommunismus" ist ein Zustand entstanden, den
die Amerikaner großzügig „balance of power" nennen. Doch dieses Machtgleichgewicht beruht auf dem Gewicht der USA ohne
Gegengewicht. Die USA sind sowohl die Macht als auch das
Gleichgewicht.

Die imperialistischen Mitkonkurrenten der USA wollen die
amerikanische „Machtbalance" auch nicht wirklich ernsthaft in
Frage stellen. Denn das System ist so zentralistisch aufgebaut,

dass seine Föderalisierung (Multilateralisierung) für die „balance of power", die die reichen über die armen Länder verhängt haben, zerstörerische Folgen hätte. Eine entscheidende Schwächung der US-Dominanz würde die Welt mehr verändern, als es den Anhängern einer Neuen Weltordnung mit multilateralem Antlitz lieb wäre.

Der „Sieg über den Totalitarismus" zog eine interessante semantische Verschiebung nach sich. Das „totalitäre Zeitalter" war zu Ende, doch der ideologische Bedarf nach einer Totalitarismustheorie weiter vorhanden. Denn das Böse ist immer und überall. Es bedurfte nur noch seiner Identifizierung. Der Kommunismus lag auf dem Boden und damit war der Totalitarismustheorie ihre wesentliche Komponente abhanden gekommen.

In der Zeit des Kalten Krieges hatte der Faschismus in der Totalitarismusformel nur eine formale, die Theorie stützende Alibifunktion. Der Kommunismus sollte als roter Faschismus bloßgestellt werden und nicht umgekehrt der Faschismus als brauner Kommunismus. Das ist ideologietheoretisch ein äußerst interessanter Vorgang. Einerseits setzt die Aburteilung des Kommunismus als quasi faschistisch den Faschismus als das absolute Böse voraus. Andererseits stand im ideologischen Zentrum der westlichen Demokratien und der mit ihnen verbündeten faschistischen Diktaturen (nicht nur in der Dritten Welt, sondern auch in Griechenland, Spanien und Portugal) eindeutig der Antikommunismus. Der Antifaschismus mag zwar in der DDR staatlich verordnet gewesen sein, in der BRD war er das bis zum Mauerfall sicher nicht. Antifaschistische Initiativen galten vielmehr als Vorfeldorganisationen des kommunistischen Totalitarismus.

Die Totalitarismustheorie hatte neben ihrer direkten antikommunistischen Funktion noch die indirekte Funktion der Relativierung des Faschismus. Die antifaschistische Argumentation der Linken stieß stets auf die antitotalitären (jegliche, auch die linke Gewaltherrschaft verurteilenden) Einwände der Rechten.

Inzwischen sieht die Sache ganz anders aus. Was in der alten Totalitarismustheorie versteckt enthalten war, rückte nach dem Sieg über den Kommunismus plötzlich in den Kern des neuen „Antitotalitarismus": der Faschismus als das absolute, abstrakte – rational nicht erklärbare – Böse. Ebenso wie der Antitotalitarismus die Fortsetzung der hitleristischen Kreuzzugsideologie war, um

Lukács noch einmal aufzugreifen, stellt der „Antifaschismus" der Eliten die Fortsetzung der Totalitarismustheorie dar. Es bedurfte des Faschismus als Gegenbild zum neoliberalen Vorbild. Der postmoderne „Antifaschismus" ist, wie der italienische Philosoph Costanzo Preve in einem Interview für die Berliner Tageszeitung *Junge Welt* (15. 1. 2003) sagte, „präventiver Antikommunismus". Der Faschismus (vor allem der Rechtspopulismus) ist nur der Sparringpartner für künftige, um die soziale Frage zentrierte Auseinandersetzungen. Die Denunziation antikapitalistischer Regungen oder bereits der zahmsten Kritik am Finanzkapital als „tendenziell antisemitisch" lässt das ideologische Arsenal erkennen, mit dem einem Comeback des Kommunismus begegnet werden soll.

Der bürgerliche Mainstream-Antifaschismus ist eines der wichtigsten Transportmittel der amerikanischen Ideologie. Was jahrzehntelang verdrängt, wenn nicht als Schmach, jedenfalls nicht als Befreiung empfunden wurde – die deutsche Niederlage im Zweiten Weltkrieg –, geriet ins Zentrum des nun politisch korrekten Bewusstseins: die große Befreiertat der Westmächte, insbesondere der Vereinigten Staaten. Das fiel in Deutschland umso leichter, als der Hauptfeind Hitlerdeutschlands, die UdSSR, doch noch besiegt worden war und man sich nun zu den Siegern rechnen durfte. Der ursächliche Grund für den Faschismus war die Existenz der UdSSR, die er zu beseitigen versuchte; der ursächliche Grund für den elitären Antifaschismus ergab sich aus ihrem Ende.

Als das wiedervereinigte Deutschland allerding auf dem Balkan den Alleingang wagte, um sich als wiedergeborene Großmacht vorzustellen, erging aus den USA eine ernste Mahnung. Sie erschien in Form eines Buches: des Goldhagen-Bestsellers „Hitlers willige Vollstrecker". Aus der Quintessenz dieser Schrift ergibt sich allerdings, dass der amerikanische Autor weniger die Deutschen als Hitlers willige Vollstrecker, sondern vielmehr Hitler als willigen Vollstrecker der irrationalen Sehnsüchte des „deutschen Volkskollektivs" darzustellen suchte. Im Grund läuft Goldhagens tatsächlich geschichtsrevisionistische Interpretation des „Nationalsozialismus" auf eine weitgehende Entlastung der deutschen Eliten (tendenziell auch der Nazibonzen) hinaus, indem er die gesellschaftlichen Basisschichten als die eigentlichen Verantwortlichen des „eliminatorischen Antisemitismus" denunziert.

Das in der *New York Times* zufällig gleich zweimal rezensierte Buch hielt zwar am Schluss eine Ehrenrettung der postnazistischen Generationen bereit, die Drohung war aber dennoch deutlich herauszulesen: Deutsche Alleingänge haben künftig zu unterbleiben. Die Nationalkonservativen reagierten irritiert, obwohl sie bzw. ihre Vorfahren sehr gnädig behandelt wurden. Goldhagens Darstellung des „Nationalsozialismus" ist ihrem Wesen nach reaktionär. Es ist vor allem das dem deutschen Faschismus unterstellte „kollektivistische Element", das ihn und die Seinen erschaudern lässt, und nicht die verbrecherische Kaltschnäuzigkeit der politischen und ökonomischen Eliten. Goldhagens Machwerk reflektiert exakt das soziale Wesen des amerikanisierten „Antifaschismus" in der Kontinuitätslinie des Antikommunismus.

Direkte Kapitalismusapologie

Georg Lukács betont, dass die amerikanische Ideologie im Wesentlichen immer eine direkte Apologie des Kapitalismus war, im Gegensatz zur indirekten Kapitalismus-Apologetik in der NS-Ideologie. Die Hitler-Partei bedurfte der Verknüpfung von sozialer und nationaler Demagogie, um in Bedienung der expansionistischen Intcressen des deutschen Großkapitals die sozialistisch/kommunistische Bewegung mit einer chauvinistischen Massenbewegung „auszukontern".

Dem amerikanischen „Faschismus" mit demokratischem Antlitz ist die soziale Demagogie wesensfremd. Organisierte Massenbewegungen wären die Negation des „American way of life". Die Macht des Amerikanismus beruht auf medialer Kommunikation, auf Megatrends, auf der indirekten Mobilisierung, auf der Beweglichkeit seines Begriffssystems, die im Erfinden immer neuer Codewörter für postmoderne Befindlichkeiten zum Ausdruck kommt – im Gegensatz zum bombastischen Phrasengebäude der Nazis, aber auch zur umständlichen, abstrakt-aufklärerischen Rhetorik der dahingegangenen kommunistischen Kader. Die Anti-Aufklärung des Faschismus war brachial, die Anti-Aufklärung des Amerikanismus ist cool. Der nihilistische Faschismus, den Todeskampf einer in Widerspruch zum Menschheitsfortschritt geratenen Klasse verklärend („wenn alles in Scherben fällt"), äs-

thetisierte den Krieg zum „Stahlgewitter", zur erhabenen Tragödie. Die hedonistische Society hat auch noch den Krieg zum Event
gemacht.

Im Kern der amerikanischen Ideologie steht die demokratische Demagogie. Amerikanischer „Demokratismus" ist konno-
tiert mit dem Individualismus und der wiederum mit dem Privat-
eigentum, personifiziert im freien Unternehmer. Die „amerikanische „Demokratie" ist nicht als Form einer sozialen Organisation
der Gesellschaft definiert, denn ihr ist die Deregulierung imma-
nent. Sie ist eine Demokratie ohne sozialen Diskurs. Sie erfüllt
auch nicht den Mindeststandard an demokratischen Mitsprache-
rechten, wie sie in traditionellen bürgerlichen Demokratien noch
gewährt werden. Sie widerspiegelt nicht das Vorhandensein un-
terschiedlicher Klasseninteressen bzw. sie widerspiegelt sie als
uneingeschränkte Dominanz der herrschenden Klasse. Sie bietet
nicht einmal die Garantie einer korrekt durchgeführten Präsident-
schaftswahl.

Dem Großkapital stand nie ein antagonistisches Klassensub-
jekt gegenüber. Ein solches konnte sich in einer Welt von Besitz-
individualisten, ob real oder nur eingebildet, nicht entwickeln.
Die Vereinigten Staaten sind immer eine Einwanderergesellschaft
geblieben. Einwanderung erfolgt oft aus Not. Doch beinhaltet das
Einwandern bzw. Auswandern immer auch eine individuelle Ab-
sage an kollektive Bestrebungen, die Verhältnisse im Herkunfts-
land zu verändern. Daraus ergibt sich der Sozialtypus des „Ame-
rikaners". Deshalb hat sich in den amerikanischen Unterschichten nie ein wirkliches Klassenbewusstsein herausgebildet. Und
ergo auch kein demokratisches.

Und dennoch übt das amerikanische Modell weltweit eine große Anziehungskraft aus. Denn es verkörpert die Demokratie des
Besitzindividualismus. Costanzo Preve, marxistischer Philosoph
aus Italien, schreibt im September 2003 in den *Bruchlinien*: „Heute
besteht die Faszination des amerikanischen demokratischen Mo-
dells für Hunderte Millionen Armer in der Welt gerade im Versprechen, jede tradierte gemeinschaftliche Bindung (oft solida-
risch, jedoch immer hierarchisch) zu Gunsten einer vollständigen
individuellen Autonomisierung aufzulösen." Und weiters: „Wenn
eine abendländische Tradition überhaupt existiert, dann wurzelt
sie im Griechentum. Aber das amerikanische Modell ist ein Ab-

kömmling der Nebenlinie dieser Tradition, die erst im 17. Jahrhundert entstand (Puritanismus, Calvinismus usw.). Es beruht nicht auf partizipativer Demokratie, sondern auf einer Demokratie des individualistischen Zugangs zum Wettbewerb um Geld. Es beruht nicht auf einer rationalistischen Philosophie, sondern auf einer willkürlichen, irrationalen, auf eine besondere Aufgabe fokussierten Lektüre des Alten Testaments – der karitative, friedliche und friedensstiftende Jesus existiert darin nicht."

Die amerikanische Theologie

Wenden wir uns somit dem „tiefsten inneren Wesen" (ob es das tatsächlich ist, bleibe dahingestellt) des Amerikanertums zu: seiner tiefen – besser: penetranten – Religiosität. Die Begründer der amerikanischen Theologie waren protestantische Sekten im England des 17. Jahrhunderts, die, um sich der religiösen Unterdrückung zu entziehen, nach Amerika auswanderten, in dem sie das „Gelobte", ihnen von Gott verliehene Land sahen. Unter Bezugnahme auf das Alte Testament und das biblische Israel – womit der heute in den USA weit verbreitete christliche Zionismus vorweggenommen wird – begann sich fundamentalistisches Amerikanertum alsbald als das „auserwählte Volk" zu wähnen. Das Bewusstsein, auserwählt zu sein, impliziert nicht Selbstbezogenheit, nicht Isolationismus, sondern Expansion, die Erfüllung des von Gott gegebenen Auftrages, sich nicht nur die amerikanische, sondern die ganze Erde untertan zu machen. Der spätere US-Imperialismus fand bereits in der amerikanischen Gründerzeit seine theologische Begründung.

Der amerikanische Publizist Lewis H. Lapham zitiert Horace Greeley, der 1859 die Ausrottung der Prärieindianer als göttliches Gebot pries: „Diese Leute müssen aussterben – es kann ihnen niemand helfen. Gott hat diese Erde denen gegeben, die sie sich untertan machen und sie zu kultivieren verstehen." Nicht an Genozid, sondern an Erlösung dachte der amerikanische Präsident Woodrow Wilson, als er 1919 seine „Vierzehn Punkte" vorstellte: „Amerika hat das unendliche Privileg, seine Bestimmungen zu erfüllen und die Welt zu retten" (zit. nach Lewis H. Lapham: Der religiöse Faktor in der US-Politik, in: Le Monde diplomatique, 11. 7. 2003). Das liest sich wie eine Vorwegnahme der Nationalen Sicherheitsstrategie der Bushisten. Die Internationalisten um Wolfowitz nennen sich folgerichtig auch „Wilsonisten". Wenngleich Wilson derjenige US-Präsident war, der das Recht auf nationale Selbstbestimmung in das internationale Recht eingeführt hat, das die zeitgenössischen Wilsonisten jetzt sukzessive außer Kraft setzen.

Nun möchte man meinen, dass religiöser Wahn einem modernen Hegemonialprojekt eher abträglich als förderlich ist. Bushs öffentliche Tischgebete scheinen tatsächlich in einem seltsamen Kontrast zu dem zu stehen, was amerikanischer „Neorealismus" genannt wird. Robert Kagan, Kolumnist der *Washington Post* und einer der globalstrategischen Denker der neuen Konservativen, dürfte es eher egal sein, ob Amerika seine Macht von Gott oder dem Teufel verliehen bekam. Diese Macht ist existent, also ist sie richtig, weil sie ist, und dazu da, sie einzusetzen: „Als die Vereinigten Staaten schwach waren, verfolgten sie die Strategie der indirekten Einflussnahme, Strategien der Schwäche; nun, da sie mächtig sind, benehmen sie sich auch wie ein mächtiger Staat. Als die europäischen Staaten stark waren, glaubten sie an Stärke und Kriegsruhm. Heute sehen sie die Welt mit den Augen schwächerer Staaten" (Robert Kagan: Macht und Ohnmacht. Amerika und Europa in der Neuen Weltordnung). Ende der Debatte, weil sie längst entschieden ist.

Bushs exzessiver Spiritualismus – dass er pure Heuchelei ist, braucht nicht eigens betont zu werden – und der kaltschnäuzige Rationalismus der Theoretiker der reinen Macht bilden eine dialektische Einheit. Der Amerikanismus ist, wie es der Hitlerismus war, ein Projekt zur „Zerstörung der Vernunft". Der Hitlerismus in seinem ethnischen Größenwahn stieß an seine Grenzen. Die universelle Unvernunft des Amerikanismus ist grenzenlos. Bei aller Rationalität in der Strategie seiner Durchsetzung und bei aller „intellektuellen" Überlegenheit des global vernetzten Hightech-Kapitalismus über seine Gegenkräfte ist dieses System zutiefst irrational. Das gilt für das US-System im Besonderen und für das neoliberale Regime über die Welt im Allgemeinen. Das Maß aller Rationalität ist der gesellschaftliche Fortschritt. Und dieser Fortschritt wiederum ist bemessen am Grad der menschlichen Emanzipation. Die menschliche Emanzipation setzt die

Emanzipation der sozialen Unterschichten, der „Verdammten dieser Erde" voraus. Die Quintessenz aller Rationalität ist eine rationale Organisation der Gesellschaft.

Die Hitlerei beruhte auf einer wahnwitzigen sozialdarwinistischen Selektion in Herren- und Untermenschen, in Herren- und Sklavenvölker. Der von NS-Deutschland ausgeübte außerökonomische Zwang zur Erzielung von Surplusprofiten entsprach nicht unbedingt wirtschaftsliberalen Vorstellungen. Der neoliberale Imperialismus verfolgt zwar eine andere ökonomische Strategie, die sozialdarwinistische Selektion ist aber nicht minder grausam.

Das ideologische Konstrukt der Hightech-Hunnen kommt ohne Anleihen an die Religion nicht aus. Der von der amerikanischen Ideologie beanspruchte aufklärerische Gedanke, alle Menschen würden als freie Individuen mit gleichen Rechten und Zugangschancen geboren, verkehrt sich angesichts der ständigen Reproduktion sozialer Ungleichheiten in sein mystisches Gegenteil. Die „unsichtbare Hand", die die egoistischen Interessen der Wirtschaftsakteure dem gemeinsamen Wohl zuführt, ist ein Wunderglaube. Die Fähigkeit des Geldes, zu „arbeiten", ist reine Metaphysik. Bushs Versprechen, dass alle, ausnahmslos alle Menschen auf der Welt glücklich werden, wenn sie den Geboten der marktwirtschaftlichen Demokratie folgen, sind die falschen Verheißungen eines Wanderpredigers.

So erklärt sich letztlich auch die Dichotomie von Pragmatismus, kaltem Geschäftssinn, rücksichtsloser Verfolgung eigennütziger Interessen und vulgärem Materialismus einerseits sowie dem ins Religiöse gesteigerten Wertefundamentalismus andererseits. Da sich der Kapitalismus stets in der Begleitung von Freiheit, Demokratie, Menschenrechten usw. vorzustellen beliebt, scheinen auch seine wesentlichen Charakterzüge wie Profitstreben, Konkurrenzdenken und ein „gewisser gesunder Egoismus" positiv wertbestimmt. Der Mehrwert – auch als ideeller Wert. Oder um es in der Sprache der protestantischen Ethik auszudrücken: Man soll durchaus seinen Vorteil daraus ziehen, wenn man die Geschäfte des Herrn erledigt.

Die „Zerstörung der Vernunft" beinhaltet einerseits eine ungeheure Idiotisierung, ja Infantilisierung des Massenbewusstseins: die Welt als Disney-Land, in dem alle Comic-Akteure des „American way of life" versammelt sind, über ihr „Superman" als der ewige Messias schwebend, stets einsatzbereit zum Krieg gegen den Terror und zur Entwaffnung der Schurkenstaaten. Gleichzeitig beinhaltet sie eine „Intellektualisierung" des barbarischen Diskurses.

Gewalttätige Zivilgesellschaft

Die Kapitalismus-Apologie ist in eine offene Imperialismus-Apologie hinübergewachsen. Mehr noch: in eine Apologie des schmutzigen, heimtückischen Krieges. Robert D. Kaplan, Prototyp eines liberalen Konservativen oder eines konservativen Liberalen, schreibt: „Gerade weil sie dynamischen Veränderungen Vorschub leisten, schaffen liberale Imperien – wie Venedig, Großbritannien und die Vereinigten Staaten – die Voraussetzungen ihres eigenen Untergangs. Darum müssen sie besonders verschlagen sein. Und auf Grund der Verbreitung von Demokratie, um die wir uns ja bemühen, entgleitet uns die Kontrolle über vordem gefügige Regierungen; denken wir nur an die sture Weigerung der Türkei und Mexikos, die Irakpolitik der USA mitzutragen. Wenn wir uns daher durchsetzen und zugleich demokratische Grundsätze fördern wollen, müssen wir geschickt im Verborgenen und hinter verschlossenen Türen agieren, müssen wir Methoden anwenden, die weniger eindeutig und einleuchtend sind als die majestätische Machtentfaltung im Luft- und Bodenkrieg gegen den Irak" (Die zehn Regeln für das amerikanische Imperium im 21. Jahrhundert, in: Atlantic Monthly, Nr. 7).

Das kommentiert sich selbst. Eigentlich wäre zu erwarten, dass auch die System-Apologeten etwas verschlagener, zumindest etwas trickreicher agieren. Aber nein, sie überbringen den Völkern die frohe Kunde: Damit wir euch – in selbstverständlich demokratischer Absicht – unterwerfen können, müsst ihr erst einmal nach Strich und Faden ausgetrickst werden. Doch ergibt dieses ehrliche Bekenntnis, verlogen zu sein, durchaus Sinn. Es dient paradoxerweise der ideologischen Machtentfaltung. Jawohl, wir sind nicht nur eine ökonomische und militärische Supermacht, sondern wir sind auch eine Supermacht der Intrige. Gegen unsere konspirative Intelligenz kommt keiner an. Die Botschaft hat eine hypnotisierende Wirkung.

Sie bringt auch zum Ausdruck: Wenn der Zweck die Mittel heiligt, dann muss der Zweck schon ein sehr heiliger sein, wenn die Mittel so schmutzig sind. Kaplan: „Der Zweck der Macht ist nicht die Macht um ihrer selbst willen, sondern das im wesentlichen liberale Ziel, die Grundpfeiler einer geordneten Welt zu erhalten. Zum heutigen Zeitpunkt ist es die amerikanische Macht und nichts als die amerikanische Macht, die als ordnendes Prinzip die globale Expansion einer liberalen Zivilgesellschaft gewährleisten kann."

Das Folgende liest sich – umgekehrt herum – fast wie ein marxistisch-leninistischer Aufsatz: „Die Aufgabe, die vor den USA liegt, hat einen Endpunkt und der liegt aller Wahrscheinlichkeit nach in einer mittleren Entfernung – in einigen Jahrzehnten. Für einen begrenzten Zeitraum haben die Vereinigten Staaten die Macht, der internationalen Gesellschaft die Bedingungen zu diktieren, in der Hoffnung, dass, wenn die Zeit ihres Imperiums einmal abgelaufen ist, sich neue internationale Institutionen herausgebildet haben, die eine Zivilgesellschaft auf der Welt ermöglichen." Das war – mit konträrer Zielsetzung – auch die sowjetische Vision: Wenn auf der ganzen Welt der Kommunismus triumphiert hat, dann ist die Mission der Sowjetunion erfüllt.

Das zeugt im Übrigen auch von einem interessanten Paradigmenwechsel in der amerikanischen Ideologie. In der Zeit des Ost-West-Konfliktes gab sie sich – abgesehen von der ständigen Anbetung von „freedom and democracy" und dem religiösen Gesülze – streng pragmatisch. Weltanschauungen galten generell als totalitär. Gesellschaftliche Ziele wurden nicht formuliert. Andernfalls wäre die Auseinandersetzung auf dem Boden des Gegners zu führen gewesen. Der (amerikanische) Weg war das Ziel. Fukuyama knüpfte noch einmal an diesem liberalen Pragmatismus an. Denn mit dem Ende der Geschichte verkündete er auch das Ende der Weltanschauungen. Alles ist durch den Liberalismus abgedeckt. Ende der Diskussion. Nun aber wird ein gesellschaftliches Ziel formuliert: die weltweite Zivilgesellschaft. Das ist die indirekte Kapitalismus-Apologie unserer Zeit.

Es waren demoralisierte Linke, die einen zentralen Begriff der Gramsci'schen Theorie aufgegriffen und falsch rezipiert hatten. Der italienische Marxist verstand unter Zivilgesellschaft die Vermittlung bürgerlicher Herrschaft nach unten bzw. eine das repressive Machtregime der Bourgeoisie ergänzende Form der Herrschaft, die in der kulturellen Hegemonie ihren Ausdruck findet. Deswegen bildete laut Gramsci die Eroberung der Zivilgesellschaft die zentrale Voraussetzung für eine sozialistische Umwälzung. Im postmodernen – besser: posthistorischen – Verständnis aber erscheint die Zivilgesellschaft als gesellschaftliches Idealbild, als die etwas freundlichere, weil Geschichtsoffenheit suggerierende Version von Fukuyamas „liberaler Demokratie", als historisches Finale. Bei Fukuyama, so Preve im *Junge Welt*-Interview (15. 1. 2003), sei die Geschichte zu Ende, weil sich der Kapitalismus weltweit durchgesetzt habe. Bei Jürgen Habermas sei der Kapitalismus in der Modernität von Rechtsstaat, Zivilgesellschaft und offenem Diskurs aufgehoben.

Die Zivilgesellschaft als die vorgeschobene Bastion bürgerlicher Herrschaft ist dem amerikanischen Modell inhärent. Genau daraus erklärt sich auch, dass der Übergang zur offenen Repression, wie er im Patriot Act und in den Homeland Security Acts seinen Ausdruck fand, auf keinen nennenswerten gesellschaftlichen Widerstand stieß. Die auf der kulturellen Hegemonie des amerikanischen Herrschaftssystems beruhenden Methoden der indirekten Machtausübung machen es möglich, die Gesellschaft einer terroristischen Gewaltpolitik nach außen und nach innen unterzuordnen, ohne dass sie das auch wahrnimmt. Der Faschismus als die offen terroristische Diktatur der am meisten reaktionären, chauvinistischen und expansionistischen Teile der Finanzoligarchie – so die auf dem 7. Weltkongress der Kommunistischen Internationale 1936 entwickelte Faschismus-Definition – findet im Amerikanismus seine sublimierte, zivilgesellschaftliche Fortsetzung. Um die Gesellschaft zur „Volksgemeinschaft" zu transformieren, musste der Faschismus die Organisationen der Arbeiterbewegung zerschlagen und die bürgerliche Demokratie aufheben. Die Herstellung eines chauvinistischen Konsenses in den USA bedarf eines solchen Kraftaktes nicht. Dass auch der Widerstand gegen Repression und Krieg im Namen der Zivilgesellschaft erfolgt, bestätigt die Vorherrschaft des falschen Bewusstseins.

Die Neo-Gramscianer haben die Zivilgesellschaft nicht erobert. Umgekehrt: Die Zivilgesellschaft als ein Ausdruck bürgerlicher Hegemonie hat sie erobert. Sie sprechen von globaler Zivilgesellschaft, weil sie die Tatsache der One capitalist world nicht beim Namen nennen wollen.

Gleichzeitig war die Zivilgesellschaftsideologie tatsächlich ein Instrument zur Eroberung der kulturellen Hegemonie. Die linksliberalen Emporkömmlinge der 68er-Generation setzten sich gegen die Veteranen des Kalten Krieges durch. Das kennzeichnete die Clinton-Ära. Der europäische Linksliberalismus wurde zum ideologischen Antreiber des Menschenrechtsinterventionismus, des „demokratischen Imperialismus". Dass dieser Begriff erst in der Bush-Ära aufkam, zeigt die Austauschbarkeit von Liberalismus und Konservativismus. Der Unterschied liegt allein darin, dass die Neokonservativen Kriege wieder Kriege nennen und nicht bewaffnete Rot-Kreuz-Einsätze.

Clinton verkörperte den hegemonialen, „konsensualen" Imperialismus, Bush verkörpert den brachialen, unilateralen. Die Befürchtung oder Hoffnung, die USA unter Bush könnten in den Isolationismus zurückfallen, hat sich nicht bewahrheitet. Die Logik der neoliberalen Ökonomie drängt zum „Internationalismus". Der Neokonservativismus ist der zum permanenten Krieg gesteigerte Liberalismus. Zwar schienen die USA zu Beginn der Bush-Ära durch die chauvinistische Selbstbezogenheit der konservativen Politik einen Verlust an Hegemonie erlitten zu haben. Doch die haben sie sich auf dem Schlachtfeld zurückerobert. Der Konservativismus hat auch die Ideologeme des Clinton'schen „Imperialismus mit menschlichem Antlitz" wieder aufgegriffen und in die ihm eigene martialische Begrifflichkeit übersetzt.

Mit der Anti-Globalisierungs-Bewegung hat sich ein oppositionelles, aber bei weitem kein antagonistisches Subjekt herausgebildet. Sie entspricht in vielem dem Gegenparadigma, das sich das neoliberale Paradigma selbst geschaffen hat. Die „zivilgesellschaftlichen Zusammenhänge", die NGOs usw. agieren zumeist als Streetworker des Neoliberalismus, als die alternativen Kleinproduzenten des falschen Bewusstseins. Nun wird ihnen ihre Zivilgesellschaft, die „Globalisierung von unten", auch noch auf den Bajonetten der amerikanischen Welteroberer präsentiert. Die „zivilisierte Linke" positioniert sich bewusst gegen den „primitiven Antiamerikanismus der Massen". Auch die Friedensbewegung hat nicht wirklich erkannt, dass sie noch nie so nah zum Massenbewusstsein vorgestoßen ist wie in der Zeit vor dem Irak-Krieg.

Für die bewussten Gegner der imperialistischen Kriegspolitik der USA gilt es die Chance zu nutzen. Damit die „Zerstörung der Vernunft" als Widerspiegelung der entfesselten Destruktivkräfte des Weltmarktes nicht in einer finalen Katastrophe endet.

Anhang:
Einrichtungen der US-Streitkräfte ausserhalb der USA

Folgende Auflistung stützt sich im Wesentlichen auf den „Base Structure Report 2002" des US-Verteidigungsministeriums. Dieser gibt insgesamt 725 unter direkter Verwaltung des US-Militärs stehende militärische Einrichtungen außerhalb der US-Territorien an. Für einige Länder wird lediglich die Zahl der Einrichtungen, nicht aber deren Standort angegeben. Die amerikanischen Streitkräfte nutzen überdies unzählige militärische Einrichtungen anderer Staaten, deren Status mit unterschiedlichen Bedingungen vertraglich festgelegt oder auch ungeregelt sein kann. In vielen Fällen ist die US-Truppenpräsenz geheim. In die nachstehende Liste wurden zusätzlich noch US-kontrollierte Einrichtungen aufgenommen, die vom Pentagon offiziell zugegeben werden, aber im „Base Structure Report" nicht enthalten sind. Stützepunkte, die vom „Gastland" verwaltet werden wie zum Beispiel die Luftwaffenbasis Manta in Ekuador, sind nicht angeführt. Die Angaben erheben keinen Anspruch auf Vollständigkeit.

Afghanistan
Bagram Air Base, Parvan, Charikar, US-Luftwaffe
Kandahar Air Base, Kandahar, US-Luftwaffe
Khost Airbase, Paktia, Khost, US-Luftwaffe
Mazar-e-Sharif Airbase, Mazar-e-Sharif, US-Luftwaffe

Ägypten
NAVMEDRSCHU Three Cairo, Kairo, US-Marine

Antigua
Antigua Air Station, Barnes Hill, US-Luftwaffe

Australien
Holt Exmouth, Exmouth, US-Marine
Woomera Air Station, Woomera, US-Luftwaffe
Drei Einrichtungen ohne weitere Angaben

Bahamas
Autec Andros, Andros, US-Marine

Bahrain
Bahrain, Bahrain, US-Marine
Muharraq Airfield, Al Manamah, US-Marine

Belgien
Brussels, Brüssel, US-Armee
Chateau Gendebien, Mons, US-Armee
Chievres, Ath, US-Armee
Chievres Airbase, Ath, US-Armee
Daumerie Caserne, Ath, US-Armee
Florennes Air Base, Florennes, US-Luftwaffe
Kleine Brogel Air Base, Kleine Brogel, US-Luftwaffe
Mons, Mons, US-Armee
Shape Headquarters, Mons, US-Armee
Sterrebeek Dependent School, Sterrebeek, US-Armee
Zehn Einrichtungen ohne weitere Angaben

Bosnien-Herzegowina
Camp Comanche, Tuzla, US-Armee
Camp Mc Govern, Brčko
Camp Eagle, Tuzla

Bulgarien
Camp Sarafovo, Burgas

Dänemark
Karup Air Base, Karup, US-Luftwaffe
Zwei Einrichtungen ohne weitere Angaben

Dänemark (Grönland)
Thule Air Base, Thule, US-Luftwaffe

Deutschland
Ag Pub & Tng Aids Ctr, Frankfurt/Main, US-Armee
Alvin York Vil Fam Hsg, Bad Nauheim, US-Armee
Amberg Fam Hsg, Amberg, US-Armee
Amelia Earhart Hotel, Wiesbaden, US-Armee
American Arms Hotel, Wiesbaden, US-Armee
Anderson Barracks, Dexheim, US-Armee
Ansbach, Ansbach, US-Armee
Argonner Kaserne, Hanau, US-Armee
Armstrong Barracks, Büdingen, US-Armee
Armstrong Village Fam Hsg, Büdingen, US-Armee
Artillery Kaserne, Garmisch, US-Armee
Aschaffenburg Fam Hsg, Aschaffenburg, US-Armee
Aschaffenburg Tng Areas, Aschaffenburg, US-Armee
Askren Manor Fam Hsg, Schweinfurt, US-Armee
Aukamm Hsg Area, Wiesbaden, US-Armee

Babenhausen Family Hsg, Babenhausen, US-Armee
Babenhausen Kaserne, Babenhausen, US-Armee
Bad Aibling Kaserne, Bad Aibling, US-Armee
Bad Kreuznach, Bad Kreuznach, US-Armee
Bad Kreuznach Fam Hsg, Bad Kreuznach, US-Armee
Bad Kreuznach Hospital, Bad Kreuznach, US-Armee
Bamberg, Bamberg, US-Armee
Bamberg Airfield, Bamberg, US-Armee
Bamberg Stor & Range Area, Bamberg, US-Armee
Bann Comm Station, Bann, US-Luftwaffe
Bann Communication Station No 2, Landstuhl, US-Luftwaffe
Barton Barracks, Ansbach, US-Armee
Baumholder, Baumholder, US-Armee
Baumholder Airfield, Baumholder, US-Armee
Baumholder Fam Hsg, Baumholder, US-Armee
Baumholder Hospital, Baumholder, US-Armee
Baumholder Qm Area, Baumholder, US-Armee
Benjamin Franklin Vil Fam Hsg, Mannheim, US-Armee
Bensheim Maint & Supply Fac, Bensheim, US-Armee
Binsfeld Family Hsg Annex, Binsfeld, US-Luftwaffe
Birkenfeld Hsg Facilities, Baumholder, US-Armee
Bitburg Family Hsg Annex, Bitburg, US-Luftwaffe
Bitburg Storage Annex No 2, Bitburg, US-Luftwaffe
Bleidorn Fam Hsg, Ansbach, US-Armee
Boeblingen Fam Hsg, Stuttgart, US-Armee
Boeblingen Range, Stuttgart, US-Armee
Boeblingen Tng Area, Stuttgart, US-Armee
Breitenau Skeet Range, Garmisch, US-Armee
Breitenwald Tng Area, Landstuhl, US-Armee
Bremerhaven, Mannheim, US-Armee
Buechel Air Base, Büchel, US-Luftwaffe
Buedingen Ammo Area, Beudingen, US-Armee
Buedingen Army Heliport, Beudingen, US-Armee
Butzbach Tng Area & Range, Butzbach, US-Armee
Cambrai Fritsch Kaserne, Darmstadt, US-Armee
Camp Oppenheim Tng Area, Guntersblum, US-Armee
Campbell Barracks, Heidelberg, US-Armee
Campo Pond Tng Area, Hanau, US-Armee
Cardwell Village Fam Hsg, Hanau, US-Armee
Chiemsee Recreation Area, Bernau, US-Armee
Coleman Barracks, Mannheim, US-Armee
Coleman Village Fam Hsg, Gelnhausen, US-Armee

Community Fac Kaiserlautern E, Kaiserslautern, US-Armee
Conn Barracks, Schweinfurt, US-Armee
Crestview Hsg Area, Wiesbaden, US-Armee
Daenner Kaserne, Kaiserslautern, US-Armee
Daley Village Fam Hsg, Bad Kissingen, US-Armee
Darmstadt, Darmstadt, US-Armee
Darmstadt Training Center, Darmstadt, US-Armee
Dautphe Boy Scout Camp, Dautphe, US-Armee
Dexheim Fam Hsg, Dexheim, US-Armee
Dexheim Missile Fac, Dexheim, US-Armee
East Camp Grafenwoehr, Hof, US-Armee
Echterdingen Airfield, Stuttgart, US-Armee
Edingen Radio Receiver Fac, Heidelberg, US-Armee
Egelsbach Transmitter Fac, Langen, US-Armee
Einsiedlerhof Maintenance Anx, Einsiedlerhof, US-Luftwaffe
Einsiedlerhof Storage Annex, Einsiedlerhof, US-Luftwaffe
Einsiedlerkoepfe Training Anx, Kaiserslautern, US-Luftwaffe
Ernst Ludwig Kaserne, Darmstadt, US-Armee
Faulenberg Kaserne, US-Armee
Finthen Airfield, Mainz, US-Armee
Fintherlandstr Fam Hsg, Mainz, US-Armee
Fliegerhorst Airfield Kaserne, Hanau, US-Armee
Flynn Fam Hsg & Tng Areas, Bamberg, US-Armee
Frankfurt AFN Sta, Frankfurt/Main, US-Armee
Frankfurt Hospital, Frankfurt/Main, US-Luftwaffe
Freihoelser Tng Area, Amberg, US-Armee
Friedrichsfeld Qm Service Ctr, Mannheim, US-Armee
Friedrichsfeld Stor Area, Mannheim, US-Armee
Funari Barracks, Mannheim, US-Armee
Garmisch Fam Hsg, Garmisch, US-Armee
Garmisch Golf Course, Garmisch, US-Armee
Garmisch Shopping Center, Garmisch, US-Armee
Gateway Gardens Family Hsg Annex, Frankfurt, US-Luftwaffe
Geilenkirchen Air Base, Geilenkirchen, US-Luftwaffe
Gelnhausen, Gelnhausen, US-Armee
General Abrams Hotel & Disp, Garmisch, US-Armee
General Patton Hotel, Garmisch, US-Armee
General Von Steuben Hotel, Garmisch, US-Armee
George C Marshall Vil Fam Hsg, Gießen, US-Armee
George C Marshall Kaserne, Bad Kreuznach, US-Armee
George Gershwin Fam Hsg, Wetzlar, US-Armee
Germersheim Army Depot, Germersheim, US-Armee

Giebelstadt, Giebelstadt, US-Armee
Giebelstadt Army Airfield, Würzburg, US-Armee
Giebelstadt DYA Camp, Würzburg, US-Armee
Giebelstadt TAC Def Fac, Würzburg, US-Armee
Giessen, Gießen, US-Armee
Giessen Community Facilities, Gießen, US-Armee
Giessen General Depot, Gießen, US-Armee
Grafenwoehr, Grafenwöhr, US-Armee
Grafenwoehr Tng Area, Grafenwöhr, US-Armee
Griesheim Airfield, Darmstadt, US-Armee
Grossauheim Kaserne, Grossauheim, US-Armee
Gruenstadt AAFES Fac Ma, US-Armee
Gruenstadt Comm Sta Ma, US-Armee
Gut Husum Ammunition Storage Annex, Jever, US-Luftwaffe
Hainerberg Hsg and Shop Ctr, Wiesbaden, US-Armee
Hammonds Barracks, Heidelberg, US-Armee
Hanau, Hanau, US-Armee
Harvey Barracks, US-Armee
Hausberg Ski Area, Garmisch, US-Armee
Heidelberg, Heidelberg, US-Armee
Heidelberg Airfield, Heidelberg, US-Armee
Heidelberg Community Sup Ctr, Heidelberg, US-Armee
Heidelberg Golf Course, Heidelberg, US-Armee
Heidelberg Hospital, Heidelberg, US-Armee
Herforst Family Hsg Anx, Herforst, US-Luftwaffe
Hill 365 Radio Relay Fac, Kaiserslautern, US-Armee
Hochspeyer Ammo Stor Anx, Hochspeyer, US-Luftwaffe
Hoechst, Hoechst, US-Armee
Hohenfels, Hohenfels, US-Armee
Hohenfels Tng Area, Hohenfels, US-Armee
Hommertshausen Girl Scout Camp, Hommertshausen, US-Armee
Hoppstaedten Waterworks, Baumholder, US-Armee
Husterhoeh Communication Site, Pirmasens, US-Luftwaffe
Husterhoeh Kaserne, Pirmasens, US-Armee
Hutier Kaserne, Hanau, US-Armee
Idar Oberstein Fam Hsg, Baumholder, US-Armee
Illesheim, Illesheim, US-Armee
Jefferson Village Fam Hsg, Darmstadt, US-Armee
Jever Air Base, Jever, US-Luftwaffe
John F Dulles Village Fam Hsg, Gießen, US-Armee
Johnson Barracks, Nürnberg, US-Armee
Kaiserslautern, Kaiserslautern, US-Armee

Kaiserslautern Army Depot, Kaiserslautern, US-Armee
Kaiserslautern Equip Spt Ctr, Kaiserslautern, US-Armee
Kaiserslautern Fam Hsg Anx No 3, Kaiserslautern, US-Luftwaffe
Kapaun Administration Anx, Kaiserslautern, US-Luftwaffe
Kastel Hsg Area, Wiesbaden, US-Armee
Katterbach Kaserne, Ansbach, US-Armee
Kefurt & Craig Village Fam Hsg, Stuttgart, US-Armee
Kelley Barracks-Ger-GE44E, Darmstadt, US-Armee
Kelley Barracks-Ger-GE44F, Stuttgart, US-Armee
Kilbourne Kaserne, Heidelberg, US-Armee
Kitzingen, Kitzingen, US-Armee
Kitzingen Family Hsg, Kitzingen, US-Armee
Kitzingen Tng Areas, Kitzingen, US-Armee
Kleber Kaserne, Kaiserslautern, US-Armee
Kornwestheim Golf Course, Stuttgart, US-Armee
Lampertheim Tng Area, Viernheim, US-Armee
Landstuhl Family Hsg Annex O3, Landstuhl, US-Luftwaffe
Landstuhl Heliport, Landstuhl, US-Armee
Landstuhl Hospital, Landstuhl, US-Armee
Landstuhl Maintenance Site, Ramstein, US-Luftwaffe
Langen Terrace Fam Hsg Area, Langen, US-Armee
Langerkopf Rad Rel Site, Leimen, US-Luftwaffe
Larson Barracks, Kitzingen, US-Armee
Ledward Barracks, Schweinfurt, US-Armee
Leighton Barracks, Würzburg, US-Armee
Lincoln Village Fam Hsg, Darmstadt, US-Armee
Mainz, Mainz, US-Armee
Mainz-Kastel Station, Wiesbaden, US-Armee
Mannheim, Mannheim, US-Armee
Mannheim Class III Point, Mannheim, US-Armee
Mark Twain Village Fam Hsg, Heidelberg, US-Armee
McArthur Place Fam Hsg, Friedberg, US-Armee
McCully Barracks, Mainz, US-Armee
Messel Small Arms Range, Darmstadt, US-Armee
Miesau, Miesau, US-Armee
Miesau Ammo Depot, Miesau, US-Armee
Moehringen Fam Hsg, Stuttgart, US-Armee
Nathan Hale Qm Area, Darmstadt, US-Armee
Neubruecke, Neubrücke, US-Armee
Neubruecke Hospital, Baumholder, US-Armee
New Argonner Fam Hsg, Hanau, US-Armee
Oberdachstetten Tng Area, Ansbach, US-Armee

Oberweis Annex, Oberweis, US-Luftwaffe
Oftersheim Small Arms Range, Heidelberg, US-Armee
Panzer Kaserne-Ger-GE642, Kaiserslautern, US-Armee
Panzer Kaserne-Ger-GE643, Stuttgart, US-Armee
Patch Barracks, Stuttgart, US-Armee
Patrick Henry Village Fam Hsg, Heidelberg, US-Armee
Patton Barracks, Heidelberg, US-Armee
Pendleton Barracks, Gießen, US-Armee
Pfeffelbach Waterworks, Baumholder, US-Armee
Pioneer Kaserne, Hanau, US-Armee
Pioneer Village Fam Hsg, Hanau, US-Armee
Pond Barracks, Amberg, US-Armee
Pruem Air Station, Prüm, US-Luftwaffe
Pulaski Barracks, Kaiserslautern, US-Armee
Quirnheim Missile Sta Ma, Quirnheim, US-Armee
Ramstein Air Base, Landstuhl, US-Luftwaffe
Ramstein Storage Annex, Landshut, US-Luftwaffe
Ray Barracks, Friedberg, US-Armee
Regensburg Fam Hsg, Regensburg, US-Armee
Rhein Main AB, Frankfurt/Main, US-Armee
Rhein Main Air Base, Frankfurt/Main, US-Luftwaffe
Rheinau Coal Pt D-1, Mannheim, US-Armee
Rheinblick Rec Annex, Wiesbaden, US-Armee
Rhine Ordnance Barracks, Kaiserslautern, US-Armee
Robinson Barracks, Stuttgart, US-Armee
Robinson-Grenadier Fam Hsg, Stuttgart, US-Armee
Roman Way Village Fam Hsg, Butzbach, US-Armee
Rose Barracks, Bad Kreuznach, US-Armee
Rottershausen Ammo Stor Area, Schweinfurt, US-Armee
Sambach AFN Fac, Sambach, US-Armee
Schweinfurt, Schweinfurt, US-Armee
Schweinfurt Tng Areas, Schweinfurt, US-Armee
Schwetzingen Training Area, Heidelberg, US-Armee
Sembach Admin Annex (Wing HQ), Wartenberg, US-Luftwaffe
Sheridan Barracks, Garmisch, US-Armee
Shipton Kaserne, Ansbach, US-Armee
Siegenburg Air Range, Mühlhausen, US-Luftwaffe
Smith Barracks, Baumholder, US-Armee
South Camp Vilseck, Vilseck, US-Armee
Spangdahlem Air Base, Spangdahlem, US-Luftwaffe
Speicher Family Hsg Anx, Speicher, US-Luftwaffe
Spinelli Barracks, Mannheim, US-Armee

St Barbara Village Fam Hsg, Darmstadt, US-Armee
Stem Kaserne, Heidelberg, US-Armee
Steuben & Weicht Vil Fam Hsg, Stuttgart, US-Armee
Storck Barracks, Bad Windsheim, US-Armee
Strassburg Kaserne, Baumholder, US-Armee
Stuttgart Dependent School, Stuttgart, US-Armee
Sullivan Barracks, Mannheim, US-Armee
Sulzheim Tng Area, Schweinfurt, US-Armee
Taylor Barracks, Mannheim, US-Armee
Tiergarten Tng Area, Hanau, US-Armee
Tompkins Barracks, Heidelberg, US-Armee
Turley Barracks, Mannheim, US-Armee
Vilseck, Vilseck, US-Armee
Vogelweh Family Hsg Annex, Kaiserslautern, US-Luftwaffe
Wackernhm-Schwabenwaeldchen Ta, Mainz, US-Armee
Warner Barracks, Bamberg, US-Armee
Warner Barracks Fam Hsg, Bamberg, US-Armee
Weisskirchen AFN Trans Fac, Weißkirchen, US-Armee
Wetzel Fam Hsg, Baumholder, US-Armee
Wetzel Kaserne, Baumholder, US-Armee
Wiesbaden Army Airfield, Wiesbaden, US-Armee
Wiesbaden Small Arms Range, Wiesbaden, US-Armee
Wolfgang Kaserne, Hanau, US-Armee
Wuerzburg, Würzburg, US-Armee
Wuerzburg Hospital, Würzburg, US-Armee
Wuerzburg Tng Areas, Würzburg, US-Armee
Yorkhof Kaserne, Hanau, US-Armee
73 Einrichtungen ohne weitere Angaben

Frankreich
Istres Air Base, Istres, US-Luftwaffe

Griechenland
Souda Bay, Souda Bay/Kreta, US-Marine

Großbritannien
Beck Row Family Hsg, Yildenhall, US-Luftwaffe
Eriswell Family Hsg Annex, Eriswell, US-Luftwaffe
Ipswich Storage Site, Ipswich, US-Luftwaffe
JMF St Mawgan, St Mawgan, US-Marine
Lynn Wood Family Hsg, Thetford, US-Luftwaffe
NAVACT London UK, London, US-Marine
Newmarket Fam Hsg Anx No 3, Newmarket, US-Luftwaffe

RAF Alconbury, Alconbury, US-Luftwaffe

RAF Barford St John Transmitter Annex, Barford St John, US-Luftwaffe

RAF Bicester, Bicester, US-Luftwaffe

RAF Chelveston Fam Hsg Anx, Rushden, US-Luftwaffe

RAF Croughton, Croughton, US-Luftwaffe

RAF Fairford, Fairford, US-Luftwaffe

RAF Feltwell, Feltwell, US-Luftwaffe

RAF Hythe, US-Armee

RAF Lakenheath, Lakenheath, US-Luftwaffe

RAF Mildenhall, Mildenhall, US-Luftwaffe

RAF Mildenhall Storage Annex, Mildenhall, US-Luftwaffe

RAF Mildenhall Waste Annex, Mildenhall, US-Luftwaffe

RAF Molesworth, Thrapston, US-Luftwaffe

RAF Molesworth Storage Anx No 12, Molesworth, US-Luftwaffe

RAF Shepherds Grove Family Hsg Annex, Stanton, US-Luftwaffe

RAF Upwood, Upwood, US-Luftwaffe

RAF Welford Ammo Stor Area, Newbury, US-Luftwaffe

31 Einrichtungen ohne weitere Angaben

Großbritannien Überseegebiete
Diego Garcia, Diego García, US-Marine
Diego Garcia, Diego García, US-Luftwaffe

Honduras
US Army Honduras, Tegucigalpa, US-Armee
Soto Cano Air Base (Camp Picket), Comayagua, US-Luftwaffe

Hong Kong
Eine Einrichtung ohne weitere Angaben

Indonesien
Eine Einrichtung ohne weitere Angaben

Island
Keflavik, Keflavik, US-Marine

Italien
Aviano Administration Annex Group, Aviano, US-Luftwaffe
Aviano Air Base, Roveredo in Piano, US-Luftwaffe
Aviano Ammunition Storage Annex, Roveredo in Piano, US-Luftwaffe
Aviano Bachelor Hsg Annex No 2, Aviano, US-Luftwaffe
Aviano Bachelor Hsg Annex, Aviano, US-Luftwaffe
Aviano Family Hsg Annex, Aviano, US-Luftwaffe
Aviano Maintenance Annex, Aviano, US-Luftwaffe

Aviano Storage Annex, Aviano, US-Luftwaffe
Camp Darby, Pisa, US-Armee
Camp Ederle, Vicenza, US-Armee
Coltano Troposcatter Site, Coltano, US-Armee
Comiso Family Hsg Site, Comiso, US-Luftwaffe
Dal Molin Airfield, Vicenza, US-Armee
Livorno, Livorno, US-Armee
Livorno Supply & Maint Area, Livorno, 409 US-Armee
Livorno Training Area, Livorno, US-Armee
Longare Comm Site, Vicenza, US-Armee
Sigonella, Sigonella, US-Marine
NAVHOSP Naples, Neapel, US-Marine
NAVSUPPACT Maddalena, La Maddalena, US-Marine
NAVSUPPACT Naples, Neapel, US-Marine
NCTAMS Eurcent Naples, Neapel, US-Marine
Pisa Ammo Stor Area, Pisa, US-Armee
San Vito Dei Normanni Air Station, Brindisi, US-Luftwaffe
Vicenza, Vicenza, US-Armee
Vicenza Basic Load Stor Area, Vicenza, US-Armee
Vicenza Fam Hsg, Vicenza, US-Armee
Vigonovo Storage Annex, Vigonovo, US-Luftwaffe
23 Einrichtungen ohne weitere Angaben

Japan
Akasaka Press Center, Tokyo, US-Armee
Akizuki Ammunition Depot, Kure Shi, US-Armee
Camp Courtney Family Hsg Annex, Gushikawa, US-Luftwaffe
Camp Kuwae Family Hsg Annex, Jagaru, US-Luftwaffe
Camp McTureous Family Hsg Annex, Gushikawa, US-Luftwaffe
Camp Shields Family Hsg Annex, Okinawa City, US-Luftwaffe
Camp Zama, Sagamihara City, US-Armee
Camp Zama Communications Station, Zama, US-Luftwaffe
Camp Zukeran Family Hsg Anx, Okinawa City, US-Luftwaffe
Chitose Administration Annex, Chitose, US-Luftwaffe
COMFLEACT Kadena Okinawa, Okinawa, US-Marine
COMFLEACT Sasebo, Sasebo, US-Marine
COMFLEACT Yokosuka, Yokosuka, US-Marine
Deputy Div Engr Office, Urasoe, US-Armee
FISC Yokosuka, Yokosuka, US-Marine
Hiro Ammunition Depot, Kure City, US-Armee
Idesuna Jima Air Range, Naha, US-Luftwaffe
Itazuke Auxiliary Airfield, Fukuoka, US-Luftwaffe

Kachin Hanto Area A, Gushikawa, US-Armee
Kadena Air Base, Koza, US-Luftwaffe
Kadena Ammo Storage Annex, Kadena Village, US-Luftwaffe
Kawakami Ammunition Depot, Hiroshima, US-Armee
Kure Pier 6, Kure, US-Armee
Makiminato Service Annex, Urasoe, US-Luftwaffe
MCAS Iwakuni, Iwakuni, US-Marineinfanterie
MCB Camp S D Butler Okinawa, Okinawa, US-Marineinfanterie
Misawa Air Base, Misawa, US-Luftwaffe
Misawa Air Range, Misawa City, US-Luftwaffe
Momote Annex, Wakko, US-Luftwaffe
NAF Atsugi, Atsugi, US-Marine
NAF Misawa, Misawa, US-Marine
Naha Port, Naha City, US-Armee
NAVCOMTELSTA Far East, Yokosuka, US-Marine
NAVHOSP Yokosuka, Yokosuka, US-Marine
NAVJNTSERVACT Sh Tokyo, Tokyo, US-Marine
NAVSHIPREPFAC Yokosuka, Yokosuka, US-Marine
Okuma Recreation Anx, Hentona, US-Luftwaffe
Owada Communications Station, Niiza, US-Luftwaffe
POL Facilities, Oki/Gushikawa, US-Armee
PWC Yokosuka, Yokosuka, US-Marine
Sagami General Depot, Sagamihara City, US-Armee
Sagamihara Family Hsg Area, Sagamihara, US-Armee
Senaha Communication Station, Kadena, US-Luftwaffe
Tama Service Annex, Inagi, US-Luftwaffe
Tokorozawa Transmitter Site, Tokorozawa, US-Luftwaffe
Torii Station, Okinawa, US-Armee
Yokohama North Dock, Yokohama, US-Armee
Yokota Air Base, Fussa, US-Luftwaffe
25 Einrichtungen ohne weitere Angaben

Kanada
Eine Einrichtung ohne weitere Angaben

Katar
Al Udeid Air Base, Al Udeid, US-Luftwaffe
Eine Einrichtung ohne weitere Angaben

Kolumbien
San José del Guaviare radar station
Marandúa radar station
Leticia radar statiom

Kuba
Guantanamo, Guantánamo Bay, US-Marine

Kuwait
Camp Doha, Kuwait City, US-Armee
Camp Udairi, Kuwait City, US-Armee
Ahmed Al Jaber Air Base, US-Luftwaffe
Ali Al Salem Air Base, US-Luftwaffe

Luxemburg
Bettembourg Site, Luxemburg, US-Armee
Sanem Site, Esch sur Alzette, US-Armee
Eine Einrichtung ohne weitere Angaben

Marshall-Inseln
U.S. Army Kwajalein Atoll, Majuro, US-Armee
Dyess Army Airfield, Roi-Naumur, US-Armee

Mazedonien
Camp Able-Sentry, Skopje, US-Armee

Neuseeland
COMNAVDIST Washington DC, keine Ortsangabe, US-Marine

Niederlande
Brunssum Pomms, Brunssum, US-Armee
Eygelshoven Reserve Strge Area, Eygelshoven, US-Armee
Hendrik Mine, Brunssum, US-Armee
Rotterdam Admin Facility, Rotterdam, US-Armee
Schinnen, Schinnen, US-Armee
Schinnen Emma Mine, Schinnen, US-Armee
Soesterberg Air Base Number 2, Soesterberg, US-Luftwaffe
Vriezenveen Pomms (Almelo), Vriezenveen, US-Armee
Fünf Einrichtungen ohne weitere Angaben

Norwegen
Flesland Air Base, Bergen, US-Luftwaffe
Sola Sea Air Base, US-Luftwaffe
Stavanger Air Base, Stavanger, US-Luftwaffe
Sechs Einrichtungen ohne weitere Angaben

Oman
Masirah Island MPT, Dhuwwah, US-Luftwaffe
Seeb MPT, Sib, US-Luftwaffe
Thumrait MPT, Salalah, US-Luftwaffe

Österreich
Eine Einrichtung ohne weitere Angaben

Peru
Iquitos radar station
Andoas radar station
Pucallpa radar station

Portugal
Agualva Munitions Storage Annex, Lajes, US-Luftwaffe
Caldeira Ammunition Storage Area, Lajes, US-Luftwaffe
Cinco Picos Globecom Annex, Praia da Victoria, US-Luftwaffe
Covadascinzas Petroleum Products Stg Anx, Praia da Victoria,
    US-Luftwaffe
Lajes Field, Lajes, US-Luftwaffe
Praia da Victoria Dock Annex, Praia da Victoria, US-Luftwaffe
Praia da Victoria Fuel Storage Annex, Praia da Victoria, US-Luftwaffe
Villa Nova Globecom Annex, Villa Nova, US-Luftwaffe
13 Einrichtungen ohne weitere Angaben

Saudi-Arabien
Eskan Village Air Base, Eskan Village, US-Luftwaffe
Riyadh Air Base, Riyadh, US-Luftwaffe
King Abdul Aziz Air Base, Dhahran, US-Luftwaffe
King Fahd Air Base, Taif, US-Luftwaffe
King Khalid Air Base, Khamis Mushayt, US-Luftwaffe

Serbien-Montenegro
Camp Bondsteel, Uroševac, US-Armee
Camp Monteith, Gnjilane, US-Armee

Singapur
NAVREGCONTRCTR Singapore, Singapur, US-Marine
Sembawang Hsg, Sembawang, US-Luftwaffe
Paya Lebar Air Base, Sembawang, US-Luftwaffe

Spanien
Moron Air Base, Moron de la Frontera, US-Luftwaffe
NAVHOSP Rota, Rota, US-Marine
NAVSTA Rota, Rota, US-Marine
Torrejon Air Base, Torrejon, US-Luftwaffe
Drei Einrichtungen ohne weitere Angaben

Südkorea

Bayonet Training Area, Tongduchon, US-Armee
Brooklyn Hill, Yangsan, US-Armee
Bullseye 01, Kumchon, US-Armee
Bullseye 02, Kumchon, US-Armee
Camp Ames, Taejon City, US-Armee
Camp Bonifas, Kumohon Ri, US-Armee
Camp Carroll, Waegwan, US-Armee
Camp Casey, Tongduchon, US-Armee
Camp Castle, Tongduchon, US-Armee
Camp Colbern, Songnam, US-Armee
Camp Eagle, Wonju City, US-Armee
Camp Edwards, Kumchon-Ni, US-Armee
Camp Essayons, Uijongbu, US-Armee
Camp Falling Water, Uijongbu, US-Armee
Camp Garry Owen North, Kumohon Ni, US-Armee
Camp Giant, Kumchon, US-Armee
Camp Greaves, Kumchon, US-Armee
Camp Henry, Taegu, US-Armee
Camp Hialeah, Pusan, US-Armee
Camp Hovey, Tongduchon, US-Armee
Camp Howze, Kumchon, US-Armee
Camp Humphreys, Pyongtaek City, US-Armee
Camp Humphreys Comm Site, Pyongtaek City, US-Luftwaffe
Camp Jackson, Uijongbu, US-Armee
Camp Kwangsa Ri Camp, Kwangsa Ri, US-Armee
Camp Kyle, Uijongbu, US-Armee
Camp Liberty Bell, Munsan Up, US-Armee
Camp Long, Wonju, US-Armee
Camp Market, Inchon, US-Armee
Camp Nimble, Tongduchon, US-Armee
Camp Page, Chun Chon, US-Armee
Camp Red Cloud, Uijongbu, US-Armee
Camp Red Cloud Comm Site, Euijeongbu, US-Luftwaffe
Camp Sears, Uijongbu, US-Armee
Camp Stanley, Uijongbu, US-Armee
Camp Stanton, Kumchon, US-Armee
Camp Walker, Taegu City, US-Armee
Camp Yongin, Suwon, US-Armee
Chang San, Pusan, US-Armee
Cheju Do Training Center, Mosulpo, US-Armee
COMNAVFORKOREA Yongsan SK, Yongsan, US-Marine

Dartboard Site, Taegu City, US-Armee
Far East Dist Engr, Seoul, US-Armee
Freedom Bridge, Munsan Up, US-Armee
Gimbols, Tongduchon, US-Armee
Gun Training Area, Tongduchon, US-Armee
H220 Heliport, Tongduchon, US-Armee
High Point, Chonan City, US-Armee
K-16 Air Base, Songnam, US-Armee
Kamaksan ASA, Tongduchon, US-Armee
Kimhae Storage Annex, Kimhae, US-Luftwaffe
Koon Ni Air Range, Koon Ni, US-Luftwaffe
Koryosan ASA, Inchon, US-Armee
Kunsan Air Base, Kunsan, US-Luftwaffe
Kunsan Pol Terminal Site, Kunsan City, US-Armee
Kwang-Ju Air Base, Kwang Ju, US-Luftwaffe
La Guardia, Uijongbu, US-Armee
Madison Site, Suwon, US-Armee
Masan Ammunition Depot, Masan, US-Armee
Mobile, Tongduchon, US-Armee
Osan Air Base, Song Tan, US-Luftwaffe
Osan Ni Ammunition Storage Annex, Osan Ni, US-Luftwaffe
Pier #8, Kanman-Tong, US-Armee
Pil-Sung Air Range, Sangori-Ni, US-Luftwaffe
Pusan Storage Facility, Pusan, US-Armee
Pyongtaek Cpx Area, Pyongtaek, US-Armee
Richmond, Taejon City, US-Armee
Shinbuk Relay, Pochon, US-Armee
Sungnam Golf Course, Sungnam, US-Armee
Suwon Air Base, Suwon, US-Luftwaffe
Swiss and Swed Camp Mac HQ, Munsan Up, US-Armee
Taegu Air Base, Taegu, US-Luftwaffe
Tango Songnam, US-Armee
Watkins Range, Tongduchon, US-Armee
Wonju Air Station, Wonju, US-Luftwaffe
Yong Pyong, Tdc, US-Armee
Yongsan Area, Seoul, US-Armee
24 Einrichtungen ohne weitere Angaben

St. Helena
Ascension Auxiliary Airfield, Georgetown, US-Luftwaffe

Türkei
Ankara Administration Office, Ankara, US-Luftwaffe
Batman Air Base, Batman, US-Luftwaffe
Cigli Air Base Buyuk, Cigli, US-Luftwaffe
Incirlik Air Base Adana, Inçirlik, US-Luftwaffe
Izmir Air Station, Izmir, US-Luftwaffe
Izmir Storage Annex No 2, Izmir, US-Luftwaffe
Karatas Radio Relay Site, Yemisli, US-Luftwaffe
Mus Air Base, Mus, US-Luftwaffe
Yumurtalik Petroleum Prod Storage Annex, Yumurtalik, US-Luftwaffe
Zehn Einrichtungen ohne weitere Angaben

Ungarn
Taszar Air Base, Pécs, US-Luftwaffe

Venezuela
Zwei Einrichtungen ohne weitere Angaben

Vereinigte Arabische Emirate
Al Dhafra Air Base, Abu Dhabi, US-Luftwaffe
Eine Einrichtung ohne weitere Angaben

POLITISCHE DISKUSSION
im Promedia-Verlag

Gesamtkatalog bei: Promedia Verlag, Wickenburgg. 5/12, A-1080 Wien; Fax: 0043/1/405 71 5922; e-mail: promedia@mediashop.at

Immanuel Wallerstein:
„Utopistik"
Historische Alternativen des 21. Jahrhunderts
130 Seiten, € 9,90; sFr. 18,30
ISBN 3-85371-184-7, erschienen: 2001

Hannes Hofbauer:
„Osterweiterung"
Vom Drang nach Osten zur peripheren EU-Integration
240 Seiten, € 17,90; sFr. 32,50
ISBN 3-85371-198-7; erschienen: 2003

Fritz Edlinger (Hg.):
„Befreiungskampf in Palästina"
Von der Madrid-Konferenz zur Al-Aqsa-Intifada
240 Seiten, € 17,90; sFr. 32,50
ISBN 3-85371-178-2, erschienen: 2001

Johan Galtung:
„Der Preis der Modernisierung"
Struktur und Kultur im Weltsystem
216 Seiten, € 17,90; sFr. 32,50
ISBN 3-85371-123-5, erschienen: 1999

„Neoliberalismus – Militarismus – Rechtsextremismus"
Altvater, Galtung, Madörin, Mahnkopf, von Werlhof
144 Seiten, € 11,90; sFr. 23,40
ISBN 3-85371-168-5, erschienen: 2001

Bilek/Graf/Neumann (Hg.):
„Kritik der Gewalt"
Friedenspolitische Konzepte zur Logik neuer Kriegsführung
208 Seiten, € 15,90; sFr. 29.-
ISBN 3-85371-192-8, erschienen: 2002

Kritische Geographie (Hg.):
„Geopolitik"
Zur Ideologie politischer Raumkonzepte
224 Seiten, € 17,90; sFr. 32,50
ISBN 3-85371-167-7; erschienen: 2001